美国国家体能协会

陆军战斗体能
测试与训练指南

[美] 美国国家体能协会 (National Strength & Conditioning Association) 主编

纳特·佩林 (Nate Palin)
罗布·哈特曼 (Rob Hartman) 著

王悍如 周立 孟涛 译

人民邮电出版社
北京

图书在版编目（CIP）数据

美国国家体能协会陆军战斗体能测试与训练指南 /
美国国家体能协会主编 ；（美）纳特·佩林，（美）罗布
·哈特曼著 ；王悍如，周立，孟涛译. -- 北京 ：人民
邮电出版社，2023.3
　ISBN 978-7-115-58291-1

　Ⅰ．①美… Ⅱ．①美… ②纳… ③罗… ④王… ⑤周
… ⑥孟… Ⅲ．①陆军－体能－测试－美国－指南②陆军
－体能－身体训练－美国－指南 Ⅳ．①E712.51-62

中国版本图书馆CIP数据核字(2022)第045406号

免责声明

本书内容旨在为大众提供有用的信息。所有材料（包括文本、图形和图像）仅供参考，不能替代医疗诊断、建议、
治疗或来自专业人士的意见。所有读者在需要医疗或其他专业协助时，均应向专业的医疗保健机构或医生进行咨询。
作者和出版商都已尽可能确保本书技术上的准确性以及合理性，并特别声明，不会承担由于使用本出版物中的材料
而遭受的任何损伤所直接或间接产生的与个人或团体相关的一切责任、损失或风险。

内 容 提 要

　　本书由美国国家体能协会（NSCA）组织编写，对当前在美国陆军中应用的陆军战斗体能测试与备战测试的针
对性体能训练方法进行了详细介绍。全书共分为4个部分。第1部分介绍了陆军战斗体能测试的各个项目，包括测
试步骤、目标和评分标准。第2部分阐释了针对性体能训练的基本原理。第3部分概述了体能评估与训练的注意事
项，并提供了备战陆军战斗体能测试的12周、8周和4周训练计划。第4部分讲解了有助于提升肌肉力量与耐力、
有氧与无氧耐力、爆发力、速度与敏捷性等多种素质的高效练习。本书非常适合军警教官、体能教练、专项教练、
体能测试与训练领域的科研工作者及体育院校师生阅读。

◆ 　主　　　编　［美］美国国家体能协会（National Strength & Conditioning Association）
　　著　　　　　［美］纳特·佩林（Nate Palin）　罗布·哈特曼（Rob Hartman）
　　译　　　　　王悍如　周　立　孟　涛
　　责任编辑　王若璇
　　责任印制　马振武
◆ 人民邮电出版社出版发行　　北京市丰台区成寿寺路 11 号
　　邮编　100164　　电子邮件　315@ptpress.com.cn
　　网址　https://www.ptpress.com.cn
　　北京瑞禾彩色印刷有限公司印刷
◆ 　开本：700×1000　1/16
　　印张：18.25　　　　　　　　　　　　　　2023 年 3 月第 1 版
　　字数：388 千字　　　　　　　　　　　　2023 年 3 月北京第 1 次印刷
　　著作权合同登记号　图字：01-2021-1419 号

定价：198.00 元
读者服务热线：(010)81055296　印装质量热线：(010)81055316
反盗版热线：(010)81055315
广告经营许可证：京东市监广登字 20170147 号

目录

扫描右方二维码添加企业微信。
1. 即刻领取免费电子资源。
2. 加入体育爱好者交流群。
3. 不定期获取更多图书、课程、讲座等知识服务产品信息，以及参与直播互动、在线答疑和与专业导师直接对话的机会。

本书阅读指南

陆军战斗体能测试（Army Combat Fitness Test，ACFT）引起了美国陆军领导层及士兵的关注，因为相较于之前的陆军体能测试（Army Physical Fitness Test，APFT），士兵想要通过这一新测试，必须采用更先进的训练方法。关于陆军战斗体能测试，引发广泛关注的问题包括通过率、训练与测试的后勤保障及受伤的可能性。《FM 7-22：美国陆军体能备战训练》（ FM 7-22: Army Physical Readiness Training ）为领导层提供了体能训练的指导方法。然而，《FM 7-22：美国陆军体能备战训练》只是一个重要的参考，并不能向士兵提供具有可行性的训练计划，特别是无法完全满足士兵通过陆军战斗体能测试的需求。本书旨在为希望提高测试成绩的士兵及负责帮助士兵通过测试的指挥官提供一个全面的训练指南，以弥补《FM 7-22：美国陆军体能备战训练》的不足。

当然，本书无法替代资深体能教练的直接指导，但本书会通过详细解读陆军战斗体能测试，为士兵提供评估及解读自己测试成绩的方法，以及优化测试成绩的全面训练计划。本书以大量篇幅介绍了如何安全、有效地执行训练计划指定的练习。在训练条件不太理想的情况下，可以进行替代性练习。本书作为一个独立的资源，旨在帮助士兵提升关键体能素质，从而有效提高其陆军战斗体能测试成绩。

建议士兵先仔细阅读本书的第1部分，以更好地理解美国陆军开发陆军战斗体能测试的原因，并熟悉其包含的6个测试科目，这将帮助士兵更好地使用这本书。接下来，士兵应阅读本书的第2部分，了解设计备战测试的有效训练计划所依据的基本原则。士兵无论是否参加过测试，都要阅读本书第3部分开头的内容，以了解自身的测试成绩会如何影响备战测试训练的重点。第3部分余下的内容则可以作为士兵根据自己所面临的实际训练环境和情况来选择最佳训练计划的指南。第4部分的内容为士兵系统地阐述了每个练习的重点、起始姿势、动作过程及常见错误（图1）。士兵一旦选定了适合自己的训练计划，第4部分的内容就可以为其提供一系列有益的参考。士兵完成选定的训练计划后，需要进行测试，以便为后续训练提供参考。测试结果将帮助士兵确定适合自己当前体能水平的训练计划。

第1部分	• 了解陆军战斗体能测试的目的与测试科目
第2部分	• 学习训练的基本原理
第3部分	• 评估战备状态和分析测试成绩 • 选择训练计划
第4部分	• 了解并学习与陆军战斗体能测试相关的练习与其他内容

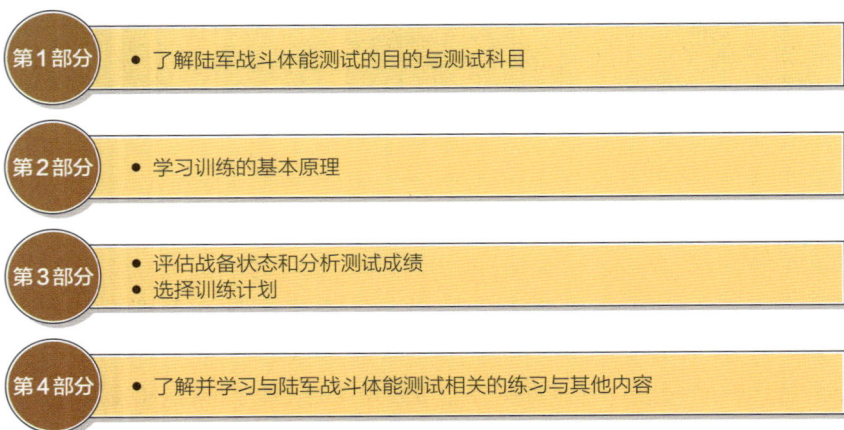

图1 如何阅读本书

军队体能测试的历史

在开始备战美国陆军最新体能测试的训练之前，有必要了解一下美国陆军体能测试的起源。美国陆军体能测试的历史非常悠久，可以追溯到19世纪50年代。1920年的个人体能测试科目包括短跑测试、跳跃测试、攀爬测试、投掷测试及穿越障碍测试。进入20世纪40年代，美国陆军开始采用基于科学依据的测试科目，包括引体向上测试、波比测试、蹲跳测试、俯卧撑测试、负重行走测试、仰卧起坐测试及300码（1码约等于0.91米）冲刺跑测试。

具有讽刺意味的是，虽然这些早期测试反映了人们对开展与职业相关的体能训练的认可，并且这一理念与重新流行的功能性体能训练趋势相吻合，但直到20世纪60年代中期，军队才开始进行强制性体能测试。此后不久，美国陆军致力于将陆军体能测试标准化，以避免体能测试过度繁杂。由于美国社会健身趋势的转变，人体运动表现领域的专家们认为陆军体能测试的功能性欠佳，该测试直至1980年左右才正式实施。

陆军体能测试广为人知的测试科目包括2分钟俯卧撑、2分钟仰卧起坐及2英里（1英里约等于1.61千米）跑，旨在测试士兵在无负重状态下动作的能力。基于对20世纪70年代末到2015年的测试成绩的分析，研究人员发现，士兵的俯卧撑测试的成绩有小幅度的上升，多数为60~65次；仰卧起坐测试的成绩同样有小幅度的上升，多数为65~70次；2英里跑的平均时间从13分钟左右升至14分钟左右，整体表现有所下降；体重与身体质量指数（BMI）有所增加。这些结果表明，在过去的30多年中，士兵的平均测试成绩变化不大，而在军队中，体能测试是体能训练的主要驱动力。因此，美国陆军意识到，有必要升级体能测试，从而优化士兵的体能与战备状态。

在美国陆军体能测试历史中占据主导地位长达40年的陆军体能测试，因只侧重于对肌肉耐力与有氧耐力的评估而遭到了猛烈的批判。这一体能测试的问题在于，其忽视了士兵执行军事任务所需的爆发力、力量及运动多样性。特种作战部队（SOF）首先意识到了陆军体能测试的不足，因此他们的选拔流程通常会包括一些附加测试科目，如最大重复次数的引体向上测试、规定距离的负重行军测试、障碍测试及水上生存测试。同时，特种作战部队的体能教练也会对士兵进行更全面的体能评估，以获取关于士兵身体状况的更全面的信息。游骑兵部队（RAW）对其士兵的体能测试包括10个不同的项目，而最新的方案，即特种作战人员表现与健康项目［前身是军队与家庭保护（POTFF）项目］，包括5个测试科目：用于评估动态灵活性与稳定性的过头深蹲（将杠铃举过头顶并进行深蹲）测试、用于评估爆发力的跳远测试、用于评估敏捷性的5-10-5测试、用于评估下肢力量的六角杠铃硬拉测试，以及用于评估无氧耐力的300米往返跑测试。这5项测试，特别是与陆军体能测试相结合时，能帮助教练更好地了解士兵的情况，从而更有针对性地制定训练计划，提升与战场需求密切相关的体能素质。陆军战斗体能测试旨在达到类似的目的，接下来让我们看看军队这一最新的体能测试。

陆军战斗体能测试概述

士兵要在三维的战场环境中作战，这对体能素质的要求是多变且不可预测的。为此，美国陆军对几种常规作战任务进行了研究，并确定了完成这些任务所需要的10种不同的体能素质（本书将美国陆军复杂的体能素质需求简化为7种体能素质）。因此，能够对士兵的体能素质水平提供更多评估的新测试，便取代了只侧重于对肌肉耐力与有氧耐力进行评估的陆军体能测试。新的陆军战斗体能测试包括6个测试科目，这些测试科目针对已经被研究证实与士兵完成作战任务相关的体能素质。士兵成功通过测试，则证明其具备现代化作战要求的体能素质，具有较低的受伤风险。同时，测试能够提高军队的备战能力，以培养士兵坚韧品质的方式发展军队的体育文化。

陆军战斗体能测试科目需要按既定顺序进行，依次为3RM六角杠铃硬拉（MDL）测试、站姿后抛药球（SPT）测试、T形俯卧撑-手臂伸直（HRP）测试、冲刺-拖拽-搬运（SDC）测试、单杠提膝触肘（LTK）测试*及2英里跑（2MR）测试（图2）。

为了充分满足各个军事职业类别（MOS）对于士兵体能素质的不同要求，该测试按照高体能要求、较高体能要求及中等体能要求3个等级，分别设置了最低通过标准。

陆军战斗体能测试评估士兵的基本体能素质，包括爆发力、力量、肌肉耐力、无氧耐力、速度、敏捷性及有氧耐力。虽然该测试没有对动作能力进行直接评估，但是连续通过6个测试科目对士兵来说是巨大的挑战，士兵需要具备相当高水平的动作能力。本书的前7章会对陆军战斗体能测试进行详细的说明。

---

*美国陆军分析研究中心和兰德研究所通过相关研究发现，当士兵缺乏完成单杠提膝触肘动作所需的上半身力量时，其很可能无法完成一个标准的单杠提膝触肘动作，因此，将单杠提膝触肘测试作为核心力量测试并不合适。基于上述发现，美国陆军将陆军战斗体能测试中的核心力量测试科目由单杠提膝触肘测试更改为平板支撑测试。更改后的测试方案于2022年4月1日起正式实施。——译者

图2　陆军战斗体能测试科目：a. 3RM六角杠铃硬拉测试；b. 站姿后抛药球测试；c. T形俯卧撑－手臂伸直测试；d. 冲刺－拖拽－搬运测试；e. 单杠提膝触肘测试；f. 2英里跑测试

第 1 部分

关于陆军战斗体能测试

感谢美国陆军和马库斯·菲赫特尔（Marcus Fichtl）供图。

第 **1** 章

陆军战斗体能测试

测试目的

美国陆军意识到，原有的体能测试无法使士兵以最佳状态去执行任务。因此，美国陆军投入了大量的时间与精力，开发出一种能测试普通士兵在执行任务时所需身体素质的新型测试。相关资料显示，陆军战斗体能测试旨在通过达成以下 4 个目标，来实现"所有士兵的体能水平与战备状态相关联"。

1. 提高单兵作战与团队作战的能力。

2. 改善部队体能训练的氛围。

3. 减少肌肉劳损和受伤风险。

4. 提升意志力，培养坚韧不拔的品质。

为了成功实现上述目标和陆军战斗体能测试的设计目的，美国陆军需要对体能训练方法进行升级，不能只练习传统的俯卧撑、仰卧起坐和长跑。虽然在提供适当的训练策略之前就执行以通过与否为结果且会对士兵产生较大影响的新测试，可能会导致士兵在训练和测试期间受伤的概率增加，也很有可能导致测试的通过率降低，从而显现出美国陆军在体能训练方法上的不足，但是，只要美国陆军能持续对体能训练方法进行必要的调整，陆军战斗体能测试的设计目的就一定会实现。

预期目标

可以明确的是，陆军战斗体能测试是一个耗时更长且更有逻辑性的测试，士兵要想通过测试则必须具备全面的身体素质。6个测试科目（接下来的6章将分别对这些测试科目进行详细介绍）评估了非常多的体能素质，因此士兵很难隐藏自身的体能弱点。士兵要想在陆军战斗体能测试中取得优异的成绩，就必须具备高水平的爆发力、力量及耐力，而这些都要以坚实的动作能力为基础。此外，这些体能素质也有助于军队成功完成与任务相关的基本清单（METL）中的要求。与单一维度的陆军体能测试相比，陆军战斗体能测试成绩的提高与任务成功率的提高之间具有更高的相关性。有氧耐力与肌肉耐力仍然是通过测试的必备体能素质，但陆军战斗体能测试还要求士兵重视高水平运动表现所需的其他体能素质。

在后勤方面，进行陆军战斗体能测试需要大量的时间、器材、场地和人力。该测试要求在90分钟内完成，但根据《美国陆军快速参考指南》（*Army's Quick Reference Guide*），大多数参与者将在75分钟内完成测试。士兵在两个测试科目间可以休息5分钟；在进行最后一个测试科目，即2英里跑之前，可以休息10分钟。陆军战斗体能测试所需的器材包括1个60磅（27千克）重的六角杠铃及缓冲垫、1个10磅（5千克）重的药球、2个40磅（18千克）重的壶铃、1个90磅（41千克）重且配有拉带的雪橇。此外，该测试还需要配有引体向上单杠的跑道（图1.1）。

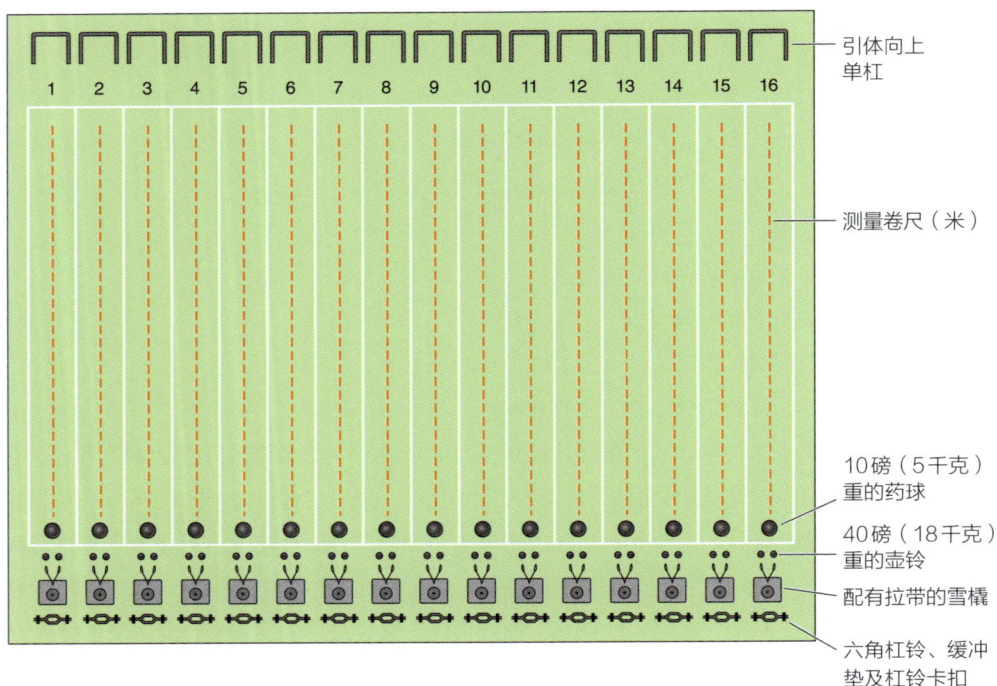

图1.1　陆军战斗体能测试所需的跑道及器材

推荐的与评分相关的器材有秒表、25米长的卷尺、在站姿后抛药球测试中用于标记位置的标志杆、较高的标志锥桶和小型场地锥桶。每个测试组都应有自己的标准储物柜，用于存放必要的测试器材。除此之外，测试场地应足够大，能够满足站姿后抛药球、冲刺－拖拽－搬运和2英里跑这3个测试科目的要求。1名士官或主管军官负责一个测试组的监督、管理工作。1名陆军战斗体能测试认证评分员负责1条跑道的测试评分（通常，1条跑道可供2~4名士兵进行测试）。跑道的数量取决于部队的规模与每个测试科目所需的空间。接下来的6章将详细说明每个陆军战斗体能测试科目的执行标准与评分标准。

评分标准

如前言所述，陆军战斗体能测试的评分标准因军事职业类别而异。表1.1列出了每个测试科目的满分标准和各个军事职业类别体能要求水平的最低通过（及格）标准。

对于每个测试科目来说，中等体能要求的最低通过标准为60分。截至本书出版之日，受新型冠状病毒全球大流行的影响，部队的体能训练被迫中断，因此美国陆军选择使各个军事职业类别均执行中等体能要求的最低通过标准，即60分。在2022年3月之前，陆军战斗体能测试的成绩将不被当作行政处罚和晋升的参考依据。士兵们的陆军战斗体能测试成绩仅作为测试数据记录在案，但他们最后一次的陆军体能测试成绩会被当作之前提及的行政事务或军校入学的参考依据。

表1.1　陆军战斗体能测试评分标准

	3RM 硬拉	站姿后抛	T形俯卧撑－手臂伸直	冲刺－拖拽－搬运	单杠提膝触肘	2英里跑	
成绩	磅*	米	重复次数	用时	重复次数	用时	
100	340	12.5	60	1'33"	20	13'30"	全部最大值
99		12.4	59	1'36"		13'39"	
98		12.2	58	1'39"	19	13'48"	
97	330	12.1	57	1'41"		13'57"	
96		11.9	56	1'43"	18	14'06"	
95		11.8	55	1'45"		14'15"	
94	320	11.6	54	1'46"	17	14'24"	
93		11.5	53	1'47"		14'33"	
92	310	11.3	52	1'48"	16	14'42"	
91		11.2	51	1'49"		14'51"	
90	300	11.0	50	1'50"	15	15'00"	
89		10.9	49	1'51"		15'09"	
88	290	10.7	48	1'52"	14	15'18"	
87		10.6	47	1'53"		15'27"	
86	280	10.4	46	1'54"	13	15'36"	
85		10.3	45	1'55"		15'45"	
84	270	10.1	44	1'56"	12	15'54"	
83		10.0	43	1'57"		16'03"	
82	260	9.8	42	1'58"	11	16'12"	
81		9.7	41	1'59"		16'21"	
80	250	9.5	40	2'00"	10	16'30"	
79		9.4	39	2'01"		16'39"	
78	240	9.2	38	2'02"	9	16'48"	
77		9.1	37	2'03"		16'57"	
76	230	8.9	36	2'04"	8	17'06"	
75		8.8	35	2'05"		17'15"	
74	220	8.6	34	2'06"	7	17'24"	
73		8.5	33	2'07"		17'33"	
72	210	8.3	32	2'08"	6	17'42"	
71		8.2	31	2'09"		17'51"	
70	**200**	**8.0**	**30**	**2'10"**	**5**	**18'00"**	**高体能要求的最低通过标准**
69		7.8	28	2'14"		18'12"	
68	190	7.5	26	2'18"	4	18'24"	
67		7.1	24	2'22"		18'36"	
66		6.8	22	2'26"		18'48"	

续表

成绩	3RM 硬拉	站姿后抛	T形俯卧撑- 手臂伸直	冲刺-拖拽- 搬运	单杠 提膝触肘	2英里跑	
	磅*	米	重复次数	用时	重复次数	用时	
65	**180**	**6.5**	**20**	**2'30"**	**3**	**19'00**	较高体能要求的 最低通过标准
64	170	6.2	18	2'35"		19'24"	
63	160	5.8	16	2'40"		19'48"	
62	150	5.4	14	2'45"	2	20'12"	
61		4.9	12	2'50"		20'36"	
60	**140**	**4.5**	**10**	**3'00"**	**1****	**21'00"**	中等体能要求的 最低通过标准
59				3'01"		21'01"	
58				3'02"		21'03"	
57				3'03"		21'05"	
56				3'04"		21'07"	
55		4.4	9	3'05"		21'09"	
54				3'06"		21'10"	
53				3'07"		21'12"	
52				3'08"		21'14"	
51				3'09"		21'16"	
50	130	4.3	8	3'10"		21'18"	
49						21'19"	
48				3'11"		21'21"	
47						21'23"	
46				3'12"		21'25"	
45		4.2	7			21'27"	
44				3'13"		21'29"	
43						21'30"	
42				3'14"		21'32"	
41						21'34"	
40	120	4.1	6	3'15"		21'36"	
39						21'37"	
38				3'16"		21'39"	
37						21'41"	
36				3'17"		21'43"	
35		4.0	5			21'45"	
34				3'18"		21'46"	
33						21'48"	
32				3'19"		21'50"	

续表

成绩	3RM 硬拉	站姿后抛	T形俯卧撑－ 手臂伸直	冲刺－拖拽－ 搬运	单杠 提膝触肘	2英里跑	
成绩	磅*	米	重复次数	用时	重复次数	用时	
31						21'52"	
30	110	3.9	4	3'20"		21'54"	
29						21'55"	
28				3'21"		21'57"	
27						21'59"	
26				3'22"		22'01"	
25		3.8	3			22'03"	
24				3'23"		22'04"	
23						22'06"	
22				3'24"		22'08"	
21						22'10"	
20	100	3.7	2	3'25"		22'12"	
19						22'13"	
18				3'26"		22'15"	
17						22'17"	
16				3'27"		22'19"	
15		3.6	1			22'21"	
14				3'28"		22'22"	
13						22'24"	
12				3'29"		22'26"	
11						22'28"	
10	90	3.5		3'30"		22'30"	
9						22'31"	
8				3'31"		22'33"	
7						22'35"	
6				3'32"		22'37"	
5		3.4				22'39"	
4				3'33"		22'40"	
3						22'42"	
2				3'34"		22'44"	
1						22'46"	
0	80	3.3	0	3'35"		22'48"	

*1磅约等于0.45千克。

**如果士兵未通过单杠提膝触肘测试，则进行时长为2分钟的平板支撑测试作为替代。

表中数据源自美国陆军官网，时效性截至2019年10月1日。

感谢美国陆军和凯文·弗莱明（Kevin Fleming）供图

第2章

3RM六角杠铃硬拉测试

　　3RM六角杠铃硬拉（MDL）测试主要用于评估士兵下肢推与拉的力量、抓握力量及背部等长肌力。这些都是士兵执行作战任务时必不可少的体能素质，例如，士兵在交战或负重状态下移动、从载具上或危险环境中转移伤员及搬运或装载沉重的弹药箱时都需要具备上述体能素质。

　　该测试所需的器材为60磅（27千克）重的标准六角杠铃及缓冲垫。如果测试使用双手柄六角杠铃，则士兵必须握住较低的手柄并使较高的手柄朝下。士兵必须从起始姿势（图2.1）开始，将六角杠铃从地面拉起至身体站直，全程保持背部姿势不变形。在结束或锁定姿势中（图2.2），士兵的膝关节与髋关节需完全伸展。随后，士兵应有控制地将六角杠铃放回地面。士兵应以可拉起的最大重量重复该动作3次。

图2.1   3RM六角杠铃硬拉测试：起始或底部
姿势

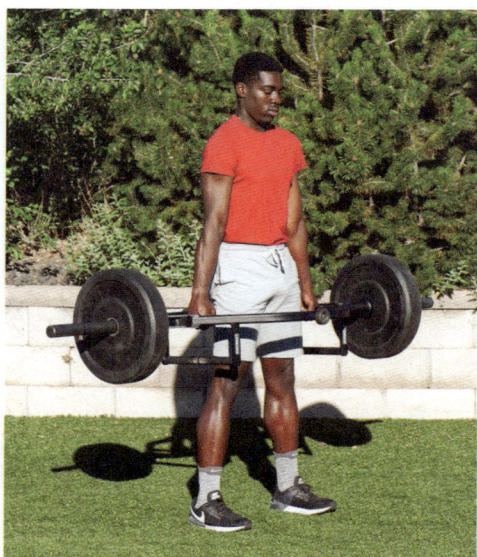

图2.2   3RM六角杠铃硬拉测试：结束或锁定
姿势

评分标准

士兵每次重复动作都必须从起始位置开始；2次重复之间，不可使六角杠铃弹离地面。如果士兵能用尝试的重量成功重复动作3次，则可尝试增加重量。如果士兵不能成功重复动作3次，则可以先休息2分钟，再尝试更轻的重量。注意，在该测试中，士兵只有2次尝试机会。如果士兵在2次尝试中均未完成3次硬拉，则测试成绩为0分，即未通过陆军战斗体能测试。建议士兵在进行第1次尝试时，使用的重量为自身军事职业类别对应的最低通过标准。士兵也可以在一开始就选择更大的重量，但这会增加3RM六角杠铃硬拉测试失败的风险。目前，不允许士兵在第1次与第2次尝试之间进行额外的热身活动。一开始选择较小的安全重量的士兵通常会在第2次尝试时有较好的表现，而一开始选择较大重量的士兵，往往会在第2次尝试时，降重至与自身军事职业类别相对应的最低通过标准，以确保通过测试。

3RM六角杠铃硬拉测试的满分标准为以340磅（155千克）的重量硬拉3次。表2.1列出了不同军事职业类别的最低通过标准。

表2.1   不同军事职业类别3RM六角杠铃硬拉测试的最低通过标准

中等体能要求（60分）	较高体能要求（65分）	高体能要求（70分）
140磅（63千克）	180磅（81千克）	200磅（90千克）

表中数据源自美国陆军官网，时效性截至2019年10月1日。

感谢美国陆军和凯文·弗莱明（Kevin Fleming）供图。

第**3**章

站姿后抛药球测试

　　站姿后抛药球（SPT）测试用于评估全身爆发力。爆发力在士兵的作战任务中起着重要的作用，例如，士兵在穿过不平坦的地形、跳跃、投掷手榴弹、在城市中执行任务（尤其是破袭行动）及搬运装备越过障碍时都需要具备爆发力。虽然在竞技体育中，爆发力训练不容忽视，但是在传统的美国陆军体能训练中，该项训练不受重视。

　　该测试所需的器材为10磅（5千克）重的药球。测试开始时，士兵双脚脚掌完全着地，站在起掷线后，双手持药球，屈髋、屈膝、屈踝（图3.1），为爆发性地经头顶向后方抛掷药球（图3.2）做好准备。士兵在进行踝、膝、髋三关节伸展时可以跳离地面，只要身体的任何部位没有越过起掷线即可。士兵的双脚或其他身体部位越过起掷线则成绩无效。

11

图3.1 站姿后抛药球测试：起始（屈曲）姿势

图3.2 站姿后抛药球测试：结束（伸展）姿势

评分标准

士兵最多可投掷3次。士兵先进行2次投掷，如果成绩有效，则取最远的有效成绩为测试成绩；如果2次均失误，则获得第3次投掷机会。站姿后抛药球测试的满分标准为12.5米。表3.1列出了不同军事职业类别的最低通过标准。

表3.1 不同军事职业类别站姿后抛药球测试的最低通过标准

中等体能要求（60分）	较高体能要求（65分）	高体能要求（70分）
4.5米	6.5米	8.0米

表中数据源自美国陆军官网，时效性截至2019年10月1日。

感谢美国陆军和凯温·弗莱明（Kevin Fleming）供图。

第4章

T形俯卧撑－手臂伸直测试

　　T形俯卧撑－手臂伸直（HRP）测试用于评估士兵上肢推的肌肉耐力。这个被重点强调的体能素质与士兵作战任务的直接关系并不大，却有助于士兵在交战状态下的移动和肉搏战。该测试还要求士兵的上半身具备一定水平的柔韧性，以将在测试中受伤的风险降至最低。

　　士兵或许非常熟悉陆军体能测试中的俯卧撑测试，但是T形俯卧撑－手臂伸直测试比较特殊。士兵必须从俯卧姿势开始，胸部、髋部和大腿接触地面（头部不接触地面），食指放在肩部最宽处的内侧（图4.1）。士兵应保持身体从头部到脚跟成一条直线，双脚间距不能超过一只脚的宽度。然后，士兵将自己向上推，直到手臂完全伸展（图4.2）。每次下落后，士兵需要保持同样的3个点，即胸部、髋部和大腿，接触地面（图4.3）。一旦回到俯卧姿势，士兵就要向身体两侧伸展双臂，形成一个T字（图4.4）。接着，士兵将双手拉回至双肩下方的地面，再次将身体推起，开始下一次的动作。

图4.1   T形俯卧撑－手臂伸直测试：起始姿势

图4.2   T形俯卧撑－手臂伸直测试：顶部姿势

图4.3   T形俯卧撑－手臂伸直测试：回到地面

图4.4   T形俯卧撑－手臂伸直测试：手臂伸展，
形成T字

评分标准

需要注意的是，士兵在除了手臂完全伸展、身体从头至脚成一条直线的顶部位置之外的任何时刻都不能休息。也就是说，士兵不能在身体位于地面上时休息，也不能在陆军体能测试中的俯卧撑测试允许休息的位置进行休息。如果士兵在测试期间有任何停止用力的趋势，则测试终止。T形俯卧撑－手臂伸直测试的满分标准为完成60次重复。表4.1列出了不同军事职业类别的最低通过标准。

表4.1   不同军事职业类别T形俯卧撑－手臂伸直测试的最低通过标准

中等体能要求（60分）	较高体能要求（65分）	高体能要求（70分）
10次	20次	30次

表中数据源自美国陆军官网，时效性截至2019年10月1日。

感谢美国陆军和戴维·埃奇（David Edge）供图。

第5章

冲刺−拖拽−搬运测试

　　冲刺−拖拽−搬运（SDC）测试主要用于评估士兵的无氧能力，包括上、下半身的力量和肌肉耐力。与上述体能素质相关的作战任务包括转移伤员、补给弹药、在交战状态下移动、在城市中执行任务、脱离战场及山地作战。该测试所需的器材为2个40磅（18千克）重的壶铃和1个90磅（41千克）重的雪橇。士兵必须在25米长的跑道上完成5次往返：第1次为冲刺跑，第2次为拖拽雪橇，第3次使用侧滑步移动，第4次为搬运壶铃，第5次仍为冲刺跑（图5.1）。

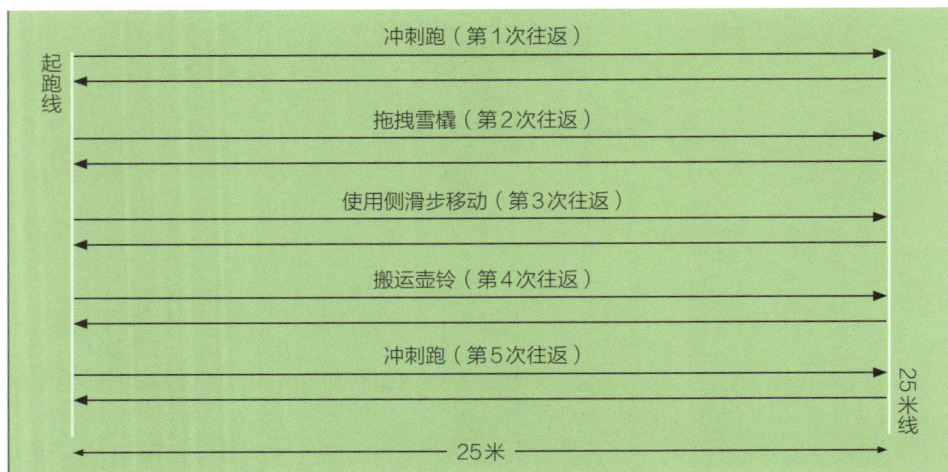

图5.1 冲刺−拖拽−搬运测试示意图

该测试的起始姿势为俯卧，士兵的整个身体（包括头部）都应位于起跑线后（图5.2）。士兵在进行冲刺跑（图5.3）时，手与脚都必须触及25米线才能返回。士兵在拖拽雪橇时，必须背朝25米线拖拽雪橇，直至整个雪橇都越过25米线，随后转身，背朝起跑线拖拽雪橇，直至整个雪橇都越过起跑线（图5.4）。士兵在以侧滑步移动时，必须保持侧向移动且双脚不得交叉（图5.5），手与脚都必须触及25米线才能返回。士兵在搬运壶铃时，一只脚必须触及或越过25米线才能返回（图5.6）。士兵将2个壶铃放在起跑线上或起跑线后，第4次往返结束，可以开始最后的冲刺跑。同样，士兵在进行该轮冲刺跑时，手与脚都必须触及25米线才能返回。当士兵冲过起跑线（图5.7）后，该测试结束。

图5.2 冲刺−拖拽−搬运测试：起始（俯卧）姿势

图5.3 冲刺−拖拽−搬运测试：加速

图5.4　冲刺 – 拖拽 – 搬运测试：拖拽雪橇

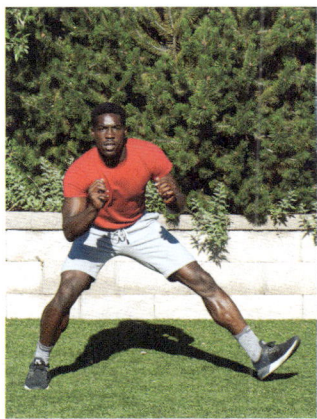

图5.5　冲刺 – 拖拽 – 搬运测试：以侧滑步移动

图5.6　冲刺 – 拖拽 – 搬运测试：搬运壶铃

图5.7　冲刺 – 拖拽 – 搬运测试：冲刺跑（越过终点线）

评分标准

冲刺 – 拖拽 – 搬运测试的满分标准为在1分33秒或更短的时间内完成5次往返。表5.1列出了不同军事职业类别的最低通过标准。

表5.1　不同军事职业类别冲刺 – 拖拽 – 搬运测试的最低通过标准

中等体能要求（60分）	较高体能要求（65分）	高体能要求（70分）
3'00"	2'30"	2'10"

表中数据源自美国陆军官网，时效性截至2019年10月1日。

感谢美国陆军和米歇尔·索雷（Michel Saure）供图。

第**6**章

单杠提膝触肘测试

　　单杠提膝触肘（LTK）测试用于评估士兵腹肌、髋屈肌、手臂肌肉、上背部肌肉的力量和耐力，以及抓握的力量和耐力。根据美国陆军战术人员表现中心（TAP-C）力量主教练多尼·比格姆（Donny Bigham）的经验，抓握的力量和耐力水平是士兵能否通过单杠提膝触肘测试的决定性因素。他认为，士兵双手的抓握力量（由测力计测得）应与士兵穿着个人防护装备时的体重水平相当。

　　单杠提膝触肘测试所需的唯一器材为一根可以进行引体向上的单杠。与该测试评估的体能素质相关的作战任务包括涉及攀爬或对前侧核心力量有较高要求的任务，如格斗和在不同姿势下进行射击。

　　测试开始时，士兵需要稳定地悬挂在单杠上，双臂伸直，双手交错握杠（图6.1）。在回到起始姿势前，士兵需要完成提膝触肘的动作，即屈曲肘部，向上提膝，使膝盖或大腿触碰肘部（图6.2）。

图6.1　单杠提膝触肘测试：起始姿势

图6.2　单杠提膝触肘测试：结束姿势

评分标准

　　该测试允许士兵在保持稳定悬挂姿势的前提下做一些细微的动作调整，但故意摆动身体来辅助自己向上提膝是禁止的。士兵可以调整抓握位置，只要不从单杠上掉下来即可。单杠提膝触肘测试的满分标准为连续完成动作20次。表6.1列出了不同军事职业类别的最低通过标准。

表6.1　不同军事职业类别单杠提膝触肘测试的最低通过标准

中等体能要求（60分）	较高体能要求（65分）	高体能要求（70分）
1次	3次	5次

表中数据源自美国陆军官网，时效性截至2019年10月1日。

临时性的替代测试科目

为了顺利过渡至单杠提膝触肘测试，美国陆军规定，未通过单杠提膝触肘测试的士兵可以通过完成替代测试科目——时长为2分钟的平板支撑测试来获得60分。平板支撑的规范姿势：双肘位于双肩的正下方，双捶的姿势与T形俯卧撑-手臂伸直测试的要求一致，身体从头顶到脚跟成一条直线（图6.3）。该测试的最高成绩为60分。如果士兵不能保持平板支撑姿势2分钟，那么单杠提膝触肘测试的成绩则为0分。注意，平板支撑只是临时性的替代测试科目，士兵应关注单杠提膝触肘测试的评分标准，为通过该测试努力。

图6.3 平板支撑测试的侧视图

第 **7** 章

2英里跑测试

2英里跑（2MR）测试是唯一一个从陆军体能测试中延续下来的测试科目，但评分标准有所改变，因为该测试之前的几个测试科目对体能要求很高，这导致士兵需要在更加疲劳的状态下进行该测试。

该测试用于评估士兵的有氧耐力，还对士兵的跑步技能有较高要求。有氧耐力是一项重要的体能素质，有益于士兵完成负重行军和定向越野等作战任务，有助于其身体从高强度行动中恢复，以及保持心血管健康。进行该测试需要跑鞋和相对平坦的2英里长的跑道（不得设在未经修整的地面上）。该测试还可以使用1英里长的折返跑道（图7.1）。该测试是计时测试，在所有士兵完成单杠提膝触肘测试5分钟后进行。

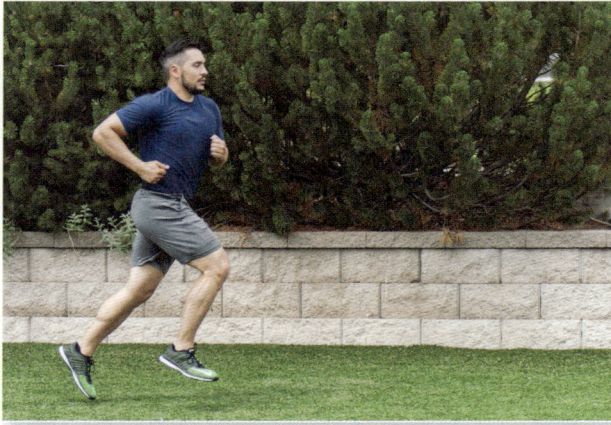

图7.1　2英里跑测试

评分标准

2英里跑测试的满分标准为在13分30秒内完成测试。表7.1列出了不同军事职业类别的最低通过标准。

表7.1　不同军事职业类别2英里跑测试的最低通过标准

中等体能要求（60分）	较高体能要求（65分）	高体能要求（70分）
21'00"	19'00"	18'00"

表中数据源自美国陆军官网，时效性截至2019年10月1日。

替代测试科目

因伤病而无法跑步的士兵可以在1000米游泳、5000米划船及12000米阻力自行车（图7.2）这3种有氧测试科目中任选其一，作为2英里跑测试的替代测试科目。替代测试科目应在士兵完成冲刺－拖拽－搬运测试后的10分钟内开始。士兵在25分钟内完成测试，即被视为通过。阻力自行车的阻力值应设为中等水平，在最高阻力与最低阻力之间。划船机的阻力则由士兵决定。士兵在测试中可以休息，但在划船或阻力自行车测试中，士兵在任何时刻都不得离开划船机或阻力自行车；游泳测试中，士兵可以站在池底或抓着池边休息，但不得沿着池底行走。此外，士兵在游泳时可以佩戴护目镜和泳帽。

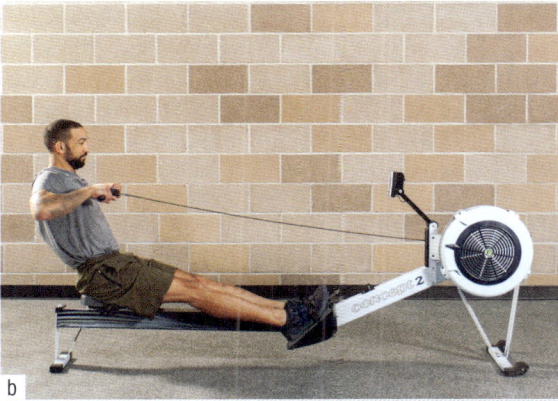

图7.2　2英里跑测试的替代测试科目：a. 1000米游泳测试；b. 5000米划船测试；c. 12000米阻力自行车测试

第 2 部分

训练的基本原理

第**8**章

训练原则

个性化原则

在体能方面，每个士兵都有自己的优势和不足。士兵体能上的差异取决于几个个体因素，遗传因素是其中之一。我们可以设想将一名优秀的短跑运动员与一名同样优秀的马拉松运动员进行对比。两名运动员都可以通过训练，使自己在对方项目所需的体能素质方面有所提升。但由于基因差异，二者之间的差距无法完全弥合。除此之外，还有一些其他决定因素，包括年龄、训练经验、伤病史和性别。如果不存在个体差异，那么所有士兵都只需进行基本训练，就可以达到相同的体能水平。

第12章的训练计划在个性化原则上的考虑有限。然而，根据士兵的能力来调整训练动作与训练强度，可以使普适性训练计划在一定程度上满足个性化训练的需求。鉴于包括问卷调查和评估在内的个性化指导有助于更高程度个性化训练的实现，第10章（当前战备状态）提供了士兵进行自我评估和解读评估结果的方法，可帮助士兵确定自己的训练重点。

感谢美国陆军和威廉·乔基（William Chockey）供图。

士兵需要完成对活动度、运动平面和能量的要求各不相同的任务

专项性原则

专项性指训练应针对士兵成功执行任务所需的体能素质。身体会对受到的刺激做出相应的直接反应，这些刺激与运动及其涉及的肌肉和代谢需求有关。陆军战斗体能测试之所以能取代陆军体能测试，是因为前者更加强调与作战任务相关的体能素质，从而使士兵的体能训练更具专项性，这有助于优化指挥官与士兵的备战状态。对于运动员来说，合理训练计划的目标是尽可能减小自身能力与运动专项需求间的差距，士兵的体能训练亦是如此。然而，在大多数情况下，士兵的体能训练几乎或完全不符合专项性原则和个性化特征。如此一来，训练无法给士兵提供有效的刺激，无法改善士兵的体能素质，甚至会给士兵施加不适当的训练刺激，导致士兵受伤。

当然，"专项性"的概念具有局限性。成为一名步兵需要具备的专项身体素质，并不像步兵与任务相关的基本清单或作战任务和战斗技能（WTBD）中要求的那样明确。假如作为步兵，仅需提高专项体能素质就能做好身体准备，那么士兵就没必要进行除专项体能训练外的其他体能训练。所以，有时将体能素质与士兵作战任务之间的关系称为"相关性"可能更合适。例如，士兵会通过负重深蹲来提升腿部力量，这与步兵的与任务相关的基本清单中的要求有一定的相关性，但没有其与负重行军的相关性高。相关性训练针对的是，对士兵成功完成具体作战任务有潜在积极影响的体能素质。负重行军对腿部力量的要求没有深蹲那么高，但不可否认的是，深蹲有助于士兵负重行军表现的提升。训练的强度、时长和所涉及的运动平面均为提升训练相关性的重要考虑因素。例如，破门是一项涉及旋转动作的任务且动作过程持续不超过10秒。因此，像药球侧抛这类用来训练士兵短时旋转爆发力的训练动作就与破门任务直接相关（表8.1）。

表8.1　士兵作战任务和相应训练动作示例

作战任务	训练动作	运动平面	能量需求	体能素质
工具破门	T杆转体	水平面	持续时间短，高强度	爆发力
运送伤员	硬拉	矢状面	持续时间短，高强度	肌肉力量
接敌反应	往返跑	矢状面	持续时间短，高强度	爆发力，无氧耐力
装载车辆	实力推	矢状面	持续时间长，低强度	肌肉耐力
疏散伤员	单臂农夫行走	冠状面	持续时间中等，中等强度	无氧耐力与肌肉耐力
迂回渗透	负重行军	矢状面	持续时间长，低强度	有氧耐力

超负荷原则

在设置符合士兵自身及其作战任务需求的训练变量（如训练类型、训练量和训练强度）时，必须要遵循超负荷原则，以对士兵的身体施加足够强的刺激，迫使其身体产生良好的适应性。如果士兵能够连续完成50个自重俯卧撑，那么自重俯卧撑就不能提供足以提升士兵上肢力量的负荷。同样，如果想要使士兵2英里跑测试的耗时更短，那么以较慢的速度跑更长的距离无法提供足以达到缩短耗时目的的负荷。

士兵可以用多种方式使身体超负荷，其中，经过论证的最简单、有效的方式是提升训练强度（提高速度或阻力）和训练量（增加重复次数、距离或持续时间）。除此之外，提升训练动作的难度也能达到超负荷的目的，但是士兵更易高质量地完成难度较低的训练动作，因此，一般没有必要使用难度较高的训练动作。如果训练动作难度过高，士兵便难以达到训练强度和持续时间上的要求，在选择训练动作时一定要牢记这一点。训练负荷应达到一定的量级，这样才能迫使士兵的身体产生积极的变化；但是也不能过高，否则士兵就无法以正确的技术安全地完成训练。综上所述，适当地调整训练强度、训练量或训练动作的难度，就可为体能要求多样化的军队提供符合个性化原则的训练计划，非常简单、高效。

渐进性原则

最初，特定的刺激可能可以满足士兵的超负荷需求，但是，如果一直进行同样的训练，那么训练效果会随着时间的推移而变差，因为士兵会逐渐适应负荷。这是士兵的身体能够积极适应刺激的证据，是运用超负荷原则的主要原因，也是士兵需加大刺激以实现超负荷的信号。简单来说，渐进性原则意味着持续应用超负荷原则。因此，最好通过提升训练强度、训练量、训练多样性或训练动作的难度来实现渐进性原则（表8.2）。与改变训练动作的难度一样，改变训练多样性也是一种需要谨慎使用的改变刺激的方式。如果刺激变化得过于频繁，那么士兵的身体就没有时间产生适应。因此，士兵应避免在自己的训练计划中使用大众健身领域流行的所谓"肌肉混淆训练法"，自始至终都要优先考虑训练重点（这往往是在军队环境中保证训练符合渐进性原则的最大障碍），然后通过细微地调整刺激的方式来实现渐进性

表8.2 如何通过调整不同类型的负荷来实现渐进性原则

超负荷类型	实现渐进性原则
训练强度（阻力、速度）	• 增加机械劣势（通过改变身体姿势或外界阻力来增加难度） • 增加强度（增加负重或加快速度）
训练量（距离、持续时间、重复次数）	• 增加总训练量（增加重复次数、组数、距离或持续时间） • 在更短时间内完成相同的训练量（即增加训练密度） • 在相同时间内完成更大的训练量（即增加训练密度）
训练动作的难度	• 提高技能要求 • 改变力矢量（作用力相对于身体的方向）或负荷的位置 • 增加次级运动 • 增大动作范围

原则。无论士兵通过何种方式调整训练来达到持续实现超负荷原则的目的，都一定要保证充足的休息与恢复时间，以产生积极适应。士兵身体产生的适应性并非发生于训练的过程中，而是每次训练后，前提是使用了适当的有利于身体恢复的睡眠策略和营养策略。

有些士兵比其他士兵进步得更快。如果教练负责训练很多士兵，并且无法为每个人提供个性化的训练计划，那么就要以团队中进步最慢的士兵的节奏为参考依据来调整训练计划，以确保所有人都能跟上进度。这样做或许不能为进步较快的士兵提供充分的超负荷刺激，但至少可以减少士兵受伤的风险，并使教练将注意力放在改善团队中最薄弱的环节上。

收益递减原则

无论将渐进性超负荷安排得多么合理，随着士兵训练年限的增长，相对于其投入的时间与精力，训练收益最终都会降低。在训练初期，即便没有高强度的刺激，士兵体能水平的提升往往也是立竿见影的。然而，随着士兵训练年限的不断增长，进一步提升其体能水平的难度会变得越来越大。在新兵基础训练阶段，士兵可以非常轻松地提高体能训练（PT）的成绩。然而，士兵在完成新兵训练并进入所属部队后，继续提高成绩会变得非常困难，特别是士兵无法进行持续训练时，或是训练刺激不够充分，无法迫使其身体产生改变（适应）时。

士兵越接近基因潜能的上限，成绩越难取得明显的提高。很少有士兵进行过持续、充分、合理的体能训练，因此他们的基因上限还不至于成为成绩提高的阻碍。同样，士兵也无须在训练中将自己推向极限，毕竟达到陆军战斗体能测试中每个测试科目的最低通过标准相对比较容易。

可逆性原则

符合专项性与个性化特征的渐进超负荷训练能使士兵的身体产生适应性，提升他们的与陆军战斗体能测试和各军事职业类别需求相关的体能素质。然而，根据可逆性原则，停训会导致体能水平的下降。简而言之，即"用进废退"。要想避免这种情况的出现，士兵并不需要达到之前提高体能水平所需的训练量或训练频率，但必须使用与之前提升训练相同的训练强度，这样才能避免此前来之不易的训练成果付之东流。幸运的是，有证据表明，士兵在停训后恢复至某个力量水平，比通过训练初次达到的这个力量水平更容易。

不同的体能素质退化的速率不同（图8.1）。如图所示，速度与爆发力的退化速率快于有氧耐力与肌肉力量的退化速率，而无氧耐力与肌肉耐力的退化速率则介于二者之间。考虑到各项体能素质退化至未训练状态所需时间的差异，士兵可以将训练的重点放在速度、爆发力及这两项体能素质的重复性训练上，对于力量与有氧能力，则可以用最少的精力来维持其水平。

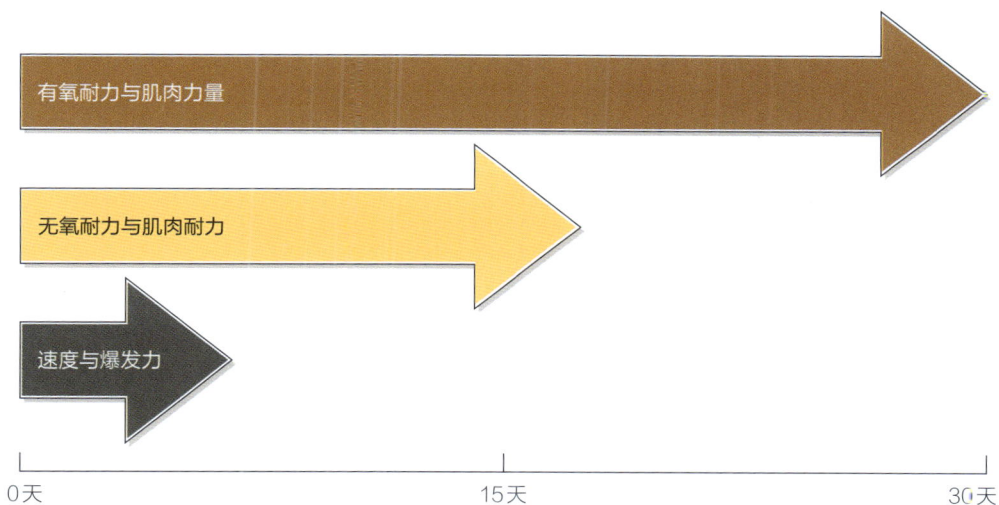

图8.1 各项体能素质退化速率的对比

第**9**章

体能素质

动作能力

所谓"动作能力"，即不需要修正或者不偏离有效运动模式的情况下，能够达到有效运动所要求的姿势及节奏的能力。有些人可能会认为，动作能力与柔韧性是同一回事。但实际上，动作能力涵盖的体能素质更为广泛，其体现了柔韧性、灵活性、稳定性及协调性的相互作用。士兵在进行爆发力、力量、肌肉耐力及有氧耐力训练过程中，如果动作不正确，则会导致其身体出现急性或者慢性损伤，这对体能训练会产生负面影响。但如果士兵的动作正确合理，则训练能够起到提高体能水平的效果。无论要提高爆发力（包括速度与敏捷性）、力量、肌肉耐力还是有氧耐力，动作能力都是体能素质最重要的基础。对于保证士兵能够安全、高效地进行陆军战斗体能测试的6个测试科目来说，动作能力也非常重要。

为了简单起见，将本书训练计划中所涉及的士兵需要掌握的动作模式与动作技巧概括如下：

- 爆发力训练动作（图9.1a）
- 下肢拉类动作（图9.1b）
- 下肢推类动作（图9.1c）
- 上肢拉类动作，包括垂直方向（图9.1d）和水平方向（图9.1e）
- 上肢推类动作，包括垂直方向（图9.1f）和水平方向（图9.1g）
- 移动性训练动作（主要用于热身与体能训练；图9.1h和图9.1i）
- 躯干训练动作，如屈曲（图9.1j）、伸展（图9.1k）和旋转（图9.1l）

图9.1 a. 爆发力训练动作

图9.1 b. 下肢拉类动作

图9.1 c. 下肢推类动作

图9.1 d. 上肢拉类动作，垂直方向

图9.1　e. 上肢拉类动作，水平方向

图9.1　f. 上肢推类动作，垂直方向

图9.1　g. 上肢推类动作，水平方向

图9.1　h. 线形移动（爬行）

图9.1　i. 侧向移动

图9.1　j. 躯干屈曲

图9.1 k. 躯干伸展

图9.1 l. 躯干旋转

士兵要想提升动作能力，首先要保证每个动作的准确性。保证动作准确性要求士兵具备足够的**柔韧性**、**灵活性**及**稳定性**。柔韧性和灵活性的定义稍有不同。一般来说，柔韧性指肌肉的可拉伸程度，而灵活性则指关节的可活动范围。无论使用的术语有何不同，士兵都必须以主动、可控且稳定的方式正确地完成动作。在实际作战环境中，静态（无须移动）的作战任务极少，因此，士兵必须能够在移动时灵活地变换各种姿势，我们把这种能力称为**协调性**或**动作能力**。陆军战斗体能测试可用于评估士兵的动作能力。

肌肉力量

肌肉力量是对士兵在移动外部物体或自身质量（为简单起见，有时用重量一词指代质量）而产生的力的描述。力等于质量乘以加速度（$F = m \times a$），其中质量是指被移动的物体的质量，而加速度一般指重力加速度。力量可被分为绝对力量和相对力量。**绝对力量**指士兵重复一次动作所能产生的最大的力，一般也被称为一次重复最大重量（1RM）。绝对力量对士兵来说非常重要，因为战场上的物体质量并不会因士兵的身高、体形而发生改变（"敌人也有投票权"，也就是说，敌人也会努力将战场设置成有利于自己的状态）。即使一名士兵能够在之前的陆军体能测试中，在2分钟内完成90个俯卧撑，其也不一定具备将载具推离车道或在负重超过自己体重30%的状况下长时间运动的绝对力量。此外，许多士兵低估了绝对力量对于耐力测试科目的作用。如果士兵的任务要求其使用的重量占其1RM的百分比较低，那么士兵就不易产生疲劳，从而有更加持久的行动能力。

相对力量指士兵相对于自身体重的强壮程度。相对力量与绝对力量一样重要，因为在许多情况下，士兵需要越过或绕过各种障碍及险峻的地形。如果目标为硬拉600磅（273千克）的训练会导致士兵体重增加，从而可能使其在作战任务中的灵活性下降，那么就不要进行这种训练。当然，如果士兵根本不具备转运伤员所需的力量，那么追求高水平的灵活性就没有意义了。

在训练初期，士兵可以同时提升绝对力量与相对力量，但最终，二者的训练可能会相互制约。为了提升绝对力量，士兵可能需要进行增加去脂体重的增肌训练。而为了提升相对力量，士兵可能需要通过减脂训练来减轻体重。在一些极端情况下，士兵甚至需要通过降低去脂体重来提升相对力量。新陈代谢会消耗身体组织，但全面的体能训练计划可以有效地补偿大部分的代谢消耗。各个军事职业类别所要求的绝对力量或相对力量水平可能是不同的，但最低要求是通过陆军战斗体能测试的3RM六角杠铃硬拉测试、冲刺-拖拽-搬运测试及2英里跑测试。记住，陆军战斗体能测试的所有测试都在某种程度上受到士兵力量水平的影响。

有氧耐力

有氧耐力指士兵在较长时间内维持稳定速度的能力。它对于完成负重行军等持续时间较长的任务来说是必不可少的。2英里跑测试专门用于评估士兵的有氧耐力，许多美国陆军学校则会要求士兵在规定的时间内完成5英里跑。此外，良好的有氧耐力还有助于士兵在陆军战斗体能测试的测试科目之间更好地恢复，以及在高强度运动后，更快地降低心率，从而能够更好执行精细任务，例如在冲刺一段距离后立即进行射击。在美国陆军基础训练中，典型的体能训练计划会通过逐渐增加跑步及负重行军的距离来提高士兵体能水平。只要确保距离和强度合理，这种训练方法通常简单而有效。对于士兵来说，每周增加10%或更少的训练量是防止过度训练的最佳标准。

中枢（心肺）与外周（骨骼肌）组织的功能都会影响士兵的身体有效地输送并利用氧气的能力。这意味着，士兵所进行的有氧耐力训练应能提高士兵的心肺功能及与任务相关的特定肌肉的功能。良好的心肺适应能够增强士兵心脏向身体其他部位输送血液的能力。低强度、长时间的稳态训练是提高士兵心肺功能的最佳训练方法，但是，当简单地增加距离与持续时间不能使士兵有明显的进步时，就需要使用间歇训练方法。监测一些指标可以保证有氧训练的有效性。要想有氧训练有效，应确保心率与最大心率（MHR）的百分比处于合理的区间，或者使跑步速度保持在可以轻松交谈的水平。虽然改善士兵中枢有氧能力的方法有很多种，但提升特定的有氧能力需要使用特定的训练方法。例如，跑步比骑自行车更能提高跑步测试的成绩，这是因为跑步训练具有更明显的专项性。

爆发力

爆发力是对力乘以速度（$P = F \times v$）的描述。简而言之，它是描述士兵能以多快的速度移动多大的重量。因为爆发力是由力量与速度共同决定的，所以要想获得高水平的爆发力，就要同时提升力量与速度。如果士兵以较快的速度移动较轻的物体，那么公式中的"力"的因素就无法满足；如果士兵以较慢的速度移动较重的物体，那么公式中的"速度"因素就无法满足。因此要想提高士兵的爆发力输出，就要保证其力量或速度二者中的一项而另一项不

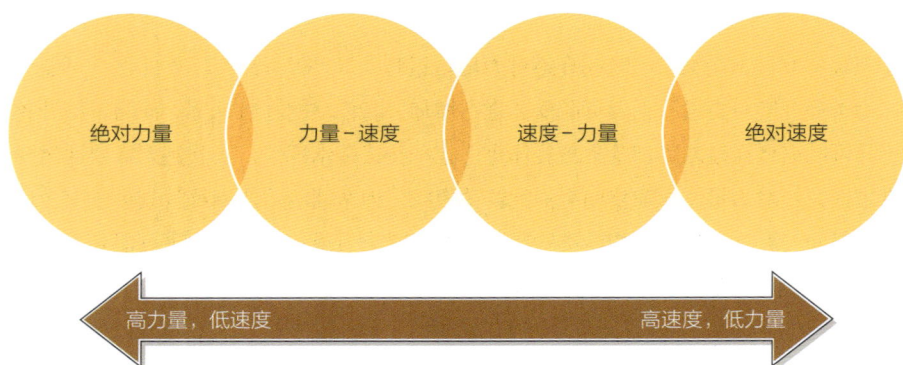

图9.2　力量与速度连续体

［经许可，源自：National Strength and Conditioning Association, *Developing Power* (Champaign, IL: Human Kinetics, 2017), 191.］

变，或二者同时提升。力量与速度构成了从绝对力量（如1RM硬拉）到绝对速度（如高尔夫挥杆）的连续体（图9.2）。

奥林匹克举重是接近力量-速度连续体高力量输出区间的最佳示例，而双脚跳、单脚跳、跨步跳等快速伸缩复合练习则是接近速度-力量连续体高速度输出区间的最佳示例。正是由于力量与速度的共同作用，爆发力输出才能在连续体的中心处最大化。

很可能由于针对传统的陆军体能测试的体能训练主要为以次最大速度移动次最大阻力的大训练量类型的训练，士兵的爆发力通常较难得到提升。坦率地说，爆发力不足的士兵往往动作无力、行动迟缓。因此，新的陆军战斗体能测试对士兵爆发力的要求更加严格。

爆发力训练通常以多种训练强度、较少的重复次数、强调快速发力的多关节练习为主，两组练习之间应有充足的休息时间。

速度与敏捷性

体能训练中的速度通常指士兵在直线运动状态下加速、保持速度（通常为最快速度）及减速的能力。这里所说的速度指跑动速度。敏捷性通常指在多个方向上具备速度能力。从技术上讲，敏捷性还涉及士兵对外界刺激做出的反应，有时也用于描述变向能力。战场是三维的，因此通过冲刺-拖拽-搬运测试来评估士兵的速度与敏捷性非常重要，与评估士兵的战备状态相关联。虽然士兵很少需要全速运动，但良好的速度与敏捷性可以使士兵在穿越险峻地形时避免受伤，特别是在负重状态下。动作能力、力量及爆发力均为高水平速度与敏捷性的必要基础，应作为重点优先训练。士兵如果身体强壮、极具爆发力、行动敏捷，那么即使没有进行过专门的速度与敏捷性训练，也很有可能在冲刺-拖拽-搬运测试中取得不错的成绩。

在军事训练中，速度与敏捷性训练往往侧重动作组合训练，而非单个动作的技术训练。

然而，大量重要的动作技术需要进行针对性训练，并且要保证士兵两次训练之间有充足的休息时间，这样才能使士兵的技术在较短时间内得到有效的提升。其中，线性加速与减速技术、高速冲刺技术、变向与侧向移动技术都非常重要。理想情况下，这些技术都应该先单独训练，然后再通过组合训练或要求士兵在疲惫状态下训练的方式来增加训练难度。很多教练的专职工作就是训练运动员的速度与敏捷性，因为在许多运动中，速度与敏捷性对成功至关重要。当然，在没有专项教练亲自指导的情况下，士兵仍然可以通过以最大强度进行简单练习的方式来有效地提高速度与敏捷性。

无氧耐力

无氧耐力是一个看似矛盾的术语，因为"无氧"意味着运动的持续时间短、强度高，而"耐力"意味着在次最大强度下进行较长时间的运动。"无氧能力"一词能够更好地描述士兵在重复施力的过程中保持高强度输出且在两次重复之间恢复至最佳或次最佳状态的能力。

几个相互影响的因素共同决定了士兵的无氧能力。在这些因素中，最重要的是运动强度、运动持续时间、运动间休息时间，以及有氧能力。上述因素都会影响士兵的身体在无氧运动期间消除造成体能表现下降的副产物的能力。较高的强度、较长的持续时间、较短的休息时间，以及较低的有氧能力都不利于士兵保持良好体能水平。想象一下，一名士兵绕着跑道以最快的速度冲刺一圈后只休息了30秒，然后马上再用最快的速度跑一圈。由于在第一圈时士兵就以最大强度运动了相对较长的时间且只休息了较少的时间，因此士兵无法以同样的速度进行第二圈冲刺。相反，一名士兵在足球场内仅冲刺了5码，接着走完剩下的95码，然后再转身往回冲刺，即使刚开始的强度很高，但由于持续时间短且休息时间足够长，士兵有可能在数个训练循环内保持几乎同等水平的输出。

一个常见的误解是，只要是在一定的时间内持续进行几轮练习或尽可能多的重复次数（AMRAP）的训练，就是无氧耐力训练。但无论使用何种练习，只要士兵能够持续进行这些练习，那么这种训练的代谢需求就低于士兵的无氧阈值，其本质上来说是有氧训练。实际上，无氧能量系统只能在持续几分钟的高强度运动中发挥最大作用。因此，缺少足够休息时间的AMRAP或定时训练无法提升士兵的无氧耐力。

肌肉耐力

肌肉耐力指士兵以次最大负荷完成规定的重复次数或持续时间的能力。陆军战斗体能测试通过要求士兵在T形俯卧撑－手臂伸直测试与单杠提膝触肘测试中尽可能多地重复移动自身体重来评估其肌肉耐力。T形俯卧撑－手臂伸直测试用来评估士兵执行推类动作时的上肢肌肉耐力，而单杠提膝触肘测试用来评估士兵躯干肌肉、执行抓握动作的肌肉及执行拉类动作的上肢肌肉的耐力。执行抓握动作的肌肉的耐力对于许多作战任务非常重要，但在训练中却经常被忽视。正如本书第6章所述，多尼·比格姆在4年时间里对3000多名士兵进行的测试显示，对于那些从事对体能要求高的职业的士兵来说，握力基准线需要达到体重与个人防护装备（约27千克）的总重量。然而，在接受测试的士兵中，只有不到17%的士兵能达到这一标准。

虽然保持较低的体重有利于进行有氧耐力活动，但像冲刺-拖拽-搬运测试这类评估下肢肌肉耐力的项目，除了要求士兵移动自身体重外，还要求士兵移动一定重量的负荷。一般来说，体重较大的士兵能更轻松地移动外部负荷。因此，保持去脂体重是士兵的首选。与体脂相比，去脂体重对士兵保持动作能力的作用更大。从本质上来看，身体成分不佳会限制士兵在陆军战斗体能测试的与肌肉耐力有关的测试科目中的表现。

障碍训练通常用于模拟作战条件。士兵具备一定水平的肌肉耐力才能成功越过障碍

第 **3** 部分

战备状态与训练计划

第 **10** 章

当前战备状态

战备（readiness）一词是具有多种定义的军事术语。该术语适用于多种状况和环境，因此了解其真正的含义以及其与陆军战斗体能测试的相关性非常重要。

战备状态的定义

牛津词典将readiness定义为"完全准备好的状态"，而韦氏词典将其定义为"达到一定的质量或状态，如准备状态"。尽管这两个定义非常相似，但完全准备好的状态和简单的准备状态是完全不同的。FM7–22对战备状态的定义也与陆军战斗体能测试要求的不同。FM7–22即《陆军体能训练管理手册》，它将战备状态定义为士兵具有满足岗位需求、完成作战任务及持续作战并取得胜利的身体能力。而陆军战斗体能测试标准对应的战备状态则指完成每项任务或胜任自身岗位应具备的最小能力或最低体能水平，建议士兵"战备充分"而不是"达到完全战备状态"。让士兵在任何任务之前时刻"达到完全战备状态"是不现实的。因此，陆军战斗体能测试以战备充分或战备不足来定义士兵的战备状态，并为不同军事职业类别设置了最低通过标准。

战备状态的评估

陆军战斗体能测试是非常全面的测试，能评估士兵的10种体能素质，即爆发力、肌肉耐力、肌肉力量、速度、敏捷性、有氧耐力、平衡性、柔韧性、协调性及反应能力。为方便讲述和理解，本书将这些体能素质精简为爆发力、速度与敏捷性、肌肉力量、肌肉耐力、无氧耐力及有氧耐力。精简体能素质有助于士兵更好地理解评估结果及更精准地安排训练顺序。

对士兵战备状态的描述，从"战备充分"或"战备不足"变为"保持当前战备状态"或"进一步优化战备状态"。"保持当前战备状态"意味着士兵当前的战备状态符合或高于所有测试科目的最低通过标准且士兵没有提高测试成绩的意愿。"进一步优化战备状态"意味着士兵想要提高测试成绩而不管士兵当前的战备状态低于、符合还是高于所有测试科目的最低通过标准。实施评估对于确定训练的目标与顺序非常重要。

诸如陆军战斗体能测试之类的评估的目标是通过最低数量的测试科目评估士兵完成任务必备的体能素质，但这并不意味着应鼓励士兵把测试动作作为唯一的训练手段。士兵需要了解每项测试所评估的主要体能素质（表10.1），并专注于提高或保持每项体能素质的水平，而不只是重视测试动作。例如，士兵应通过弓步、深蹲或罗马尼亚硬拉等练习来提高与3RM六角杠铃硬拉测试有关的下肢力量，而不是只进行3RM六角杠铃硬拉练习。在训练中加入各种变式练习来加强下肢力量，不仅能够提高士兵3RM六角杠铃硬拉测试的成绩，还提升了士兵运动的多样性。与单独进行3RM六角杠铃硬拉练习相比，进行多样性运动有助于士兵更好地适应作战场景。事实上，即使是世界顶尖的力量举运动员，也会使用相关的辅助练习来提升硬拉的纪录。这进一步证明，士兵的训练计划应该具备多样性，即使某个测试动作是能直接提升训练效果的唯一练习。

表10.1　各项测试对应的体能素质

体能素质	ACFT测试科目
肌肉耐力	T形俯卧撑 – 手臂伸直测试，单杠提膝触肘测试*
肌肉力量	3RM六角杠铃硬拉测试，单杠提膝触肘测试*
爆发力	站姿后抛药球测试
无氧耐力	冲刺 – 拖拽 – 搬运测试
有氧耐力	2英里跑测试

*当士兵在单杠提膝触肘测试中完成的次数较少，甚至无法完成一次时，该测试成为对肌肉力量的附加评估而不是对肌肉耐力的评估。

对于提升陆军战斗体能测试所评估的各项体能素质来说，通过多种练习来提升训练的多样性非常重要。陆军战斗体能测试将评估士兵必备体能素质所需的测试科目的数量已经精简到了最少，因此不能将相关测试动作作为全面发展体能的唯一训练手段。

评估与分析测试结果

进行测试后，必须对士兵的测试结果进行分析，以确定士兵需要优先提升的体能素质，并为其后续的体能训练计划的设计提供基线数据。进行测试结果评估时，将士兵每项测试的成绩与其军事职业类别的最低通过标准进行对比，并将士兵每项测试的成绩从低到高进行排序。测试结果分析指深入地分析各项测试评估的主要体能素质与其他体能素质之间的关系。

评估陆军战斗体能测试成绩非常简单。如果一名士兵的任何一项测试的成绩低于其军事职业类别的最低通过标准，那么显然，相关测试动作应成为后续体能训练计划的重点。对士兵每项测试的成绩从低到高进行排序，就是对士兵需要提升的体能素质的优先级进行排序的，这有助于确定后续体能训练中需要优先提升的体能素质。如果士兵一项或多项测试的成绩低于最低通过标准，则可使用上述简单的评估方式。同样，如果士兵所有测试科目的成绩均高于最低通过标准，但其目标是追求各项体能素质的全面提升，则也可以使用上述评估方式。不同的是，如果士兵所有测试科目的成绩均高于最低通过标准，则其可以根据自己的偏好确定后续体能训练中需要优先提升的体能素质。

分析测试结果需要对各项测试评估的主要体能素质与其他体能素质之间的关系及这些体能素质之间是否相互影响有更深入的了解。后文将深入探讨陆军战斗体能测试各项测试评估的体能素质及其之间的关系。

本书的第 9 章对各项体能素质进行了详细说明及总结。肌肉力量指士兵产生力的能力。肌肉耐力本质上是士兵持续产生力的能力。爆发力是士兵产生力的大小与速度的综合体现。无氧耐力的功能与定义较为复杂。但就陆军战斗体能测试而言，无氧耐力是士兵在尽可能短的时间内做特定数量的功的能力。有氧耐力不仅体现了士兵以稳定的速度进行长时间活动的能力，也体现了士兵在两项测试之间的恢复能力。我们可以从上述这些简短的总结中看出各项体能素质之间的简单关联。

接下来，我们将研究体能素质与测试科目之间的关系，以便用最佳的方式来分析士兵的测试结果。

3RM 六角杠铃硬拉测试很明显是为了测试士兵的肌肉力量。如果通过评估发现，士兵应该将提升此项测试的成绩作为首要目标，那么在后续的体能训练中就需要优先进行肌肉力量训练。提升陆军战斗体能测试涉及的其他体能素质均无法提高士兵这项测试的成绩（士兵需要知道，尽管陆军战斗体能测试不能直接评估士兵的动作能力，但 3RM 六角杠铃硬拉测试成绩却能在一定程度上反映士兵的动作能力；如果士兵无法完成或不能很好地完成六角杠铃硬拉动作，那么就应该在其后续体能训练中安排相关的练习）。然而，肌肉力量却与 3RM 六角杠铃硬拉测试之后的其他陆军战斗体能测试科目所评估的体能素质有很大关系。

站姿后抛药球测试旨在测试士兵的爆发力。爆发力是陆军战斗体能测试评估的主要体能素质之一。如果士兵的测试成绩低于最低通过标准，或初次测试结果显示爆发力是士兵应优先提升的体能素质，则爆发力应成为士兵后续体能训练的重点。士兵可以通过跳跃、投掷及其他爆发性练习进行针对性训练，以提高自身产生力的速度。但要进一步分析测试结果，以确定关键体能素质。发展产生力的能力（肌肉力量）应先于发展迅速产生力的能力。因此，如果对于士兵来说，站姿后抛药球测试与 3RM 六角杠铃硬拉测试的成绩都需要提升，那么

感谢美国陆军和马修·默勒（Matthew Moeller）供图。

搏斗要求士兵运用全身的爆发力将对手摔倒并进行有效的打击

就应该通过提升肌肉力量来提高两项测试的成绩。如果士兵3RM六角杠铃硬拉测试的成绩远超站姿后抛药球测试的成绩，那么上述跳跃、投掷及其他爆发性练习才是提升爆发力的训练重点。

　　T形俯卧撑–手臂伸直测试旨在评估士兵的肌肉耐力。肌肉耐力也是陆军战斗体能测试评估的主要体能素质之一，并通过多项测试进行评估。如果该项体能素质是士兵的优先训练目标，则最好以等于或接近你期望的测试成绩对应的重复次数来进行训练。想要提升与该项测试相关的体能素质，还需要关注其他两项体能素质：肌肉力量与身体成分。身体成分最简单的定义是身体由什么组成。身体成分通常包括两部分：脂肪含量和去脂体重。一般情况下，士兵的相对力量（相对于体重的肌肉力量）越大，在该项测试中可以完成的次数就越多。如果对于士兵来说，T形俯卧撑–手臂伸直测试与3RM六角杠铃硬拉测试的成绩都需要提升，那么士兵首先需要提升肌肉力量，其次才是肌肉耐力。如果士兵的3RM六角杠铃硬拉测试的成绩不错，但是T形俯卧撑–手臂伸直测试的成绩却有待提高，那么应通过优化身体成分（如减少脂肪含量、增加去脂体重，或二者同时进行）来提高士兵T形俯卧撑–手臂伸直测试的成绩。通常，对于T形俯卧撑–手臂伸直测试来说，士兵上半身的肌肉力量（特别是水平推力）是主要限制因素，应重点提升。

　　单杠提膝触肘测试旨在评估士兵的肌肉耐力。但如果士兵在测试中无法完成足够的次数，那么单杠提膝触肘测试会成为肌肉力量测试。比如，当士兵在测试中完成的次数为1次、3次、5次，获得的成绩为60分、65分、70分时，那么该测试评估的就不是肌肉耐力。

但如果士兵能够完成的重复次数最少为20次，那么该测试评估的就是肌肉耐力。在介绍T形俯卧撑−手臂伸直测试时所讲的肌肉力量与肌肉耐力之间的关系，同样适用于单杠提膝触肘测试。当士兵在单杠提膝触肘测试中完成的次数较少，甚至无法完成一次时，该测试成为对肌肉力量的附加评估而不是对肌肉耐力的评估。如果根据初次测试结果，士兵需要优先提升单杠提膝触肘测试成绩，而不是3RM六角杠铃硬拉测试成绩，那么评估士兵的身体成分是否是影响其测试成绩的主要因素十分重要。如果测试成绩不佳的士兵的身体成分没有问题，那么其上半身肌肉力量（特别是垂直拉力）则可能是测试成绩的主要影响因素，应进行针对性训练。

　　冲刺−拖拽−搬运测试旨在评估士兵的多项主要体能素质。在不综合分析所有测试成绩的情况下，很难确定影响该项测试成绩的体能素质。士兵的肌肉力量已经在3RM六角杠铃硬拉测试中得到了精准的评估。士兵的肌肉耐力也在其他一些测试中得到了评估，尽管这些测试更偏向于评估上半身肌肉耐力，但还是能够指出影响测试成绩的主要体能素质。与分析肌肉力量测试成绩和肌肉耐力测试成绩一样，也需要对冲刺−拖拽−搬运测试成绩进行分析。如果士兵的肌肉力量和肌肉耐力类测试科目的成绩远超其冲刺−拖拽−搬运测试成绩，那么无氧耐力很可能是影响士兵测试成绩的主要因素。在这种情况下，士兵可以通过持续30秒至3分钟的最大努力或次最大努力训练来提升无氧耐力。

　　2英里跑（2MR）测试旨在评估士兵的有氧耐力。评估有氧耐力的方法有很多种，在应用场景中评估有氧耐力的方法也有很多种。在陆军战斗体能测试中，2英里跑测试通过士兵维持稳定的速度能力或其完成测试的时间来直接评估士兵的有氧能力。同时，由于士兵在测试之间的恢复能力也是有氧耐力的体现，整个陆军战斗体能测试也对士兵的有氧耐力进行了间接评估。随着测试的进行，有氧耐力水平低的士兵无法在后续的测试中发挥最大实力。如果2英里跑测试成绩的分析结果表明，士兵应在训练中优先提升有氧耐力，那么就应该将士兵在2英里跑测试中的表现与其在类似的独立跑步测试中的表现进行比较。如果士兵在两个测试中的表现接近，那么其需要重点考虑进行跑步类的有氧耐力训练。如果士兵在独立跑步测试中的表现明显优于在2英里跑测试中的表现（如完成测试的时间少了1分钟以上），则士兵可能需要将有氧耐力训练的重点放在做功能力上，在这里是指要进行与陆军战斗体能测试整体相关的训练。最好制定一个每日训练时长为60~75分钟（如果士兵想满足美国陆军的规定，则应将训练时间提升为90分钟）的训练计划，且该训练计划要包含多种训练动作，涵盖多种肌肉收缩形式，从而使士兵在训练中积累疲劳的过程与在陆军战斗体能测试中相似。单靠跑步训练来提升士兵的有氧耐力，并不能提升士兵与陆军战斗体能测试相关的做功能力。

　　尽管身体成分并不包含在本书列出的体能素质中，也不能通过陆军战斗体能测试得到直接评估，但其对士兵动作能力的提升具有重要作用。前文已经讲述了身体成分对T形俯卧撑−手臂伸直测试及单杠提膝触肘测试成绩的影响。此外，身体成分对冲刺−拖拽−搬运测试成绩也会产生一定的影响。但是，更值得注意的是身体成分对2英里跑测试评估的有氧耐力的影响。一般来说，当身体成分这一指标不理想时，通过调整饮食来改善身体成分是最快速且最有效的提高2英里跑成绩的途径。

复测

当前的AR 350–15文件规定，如果士兵未能通过初次的陆军战斗体能测试，那么士兵可在测试成绩公布后的7日至24日再次进行测试。目前，尚不清楚美国陆军是否会持续执行当前的政策，但2020年2月左右FM 7–22文件已经被修改。2021年10月后，陆军战斗体能测试成绩会影响士兵的职业考评，这意味着他们必须在该年度通过陆军战斗体能测试两次。

如果士兵未能通过陆军战斗体能测试，则其需要在规定的时间内进行复测。陆军战斗体能测试的复测必须遵守2018年出台的《陆军战斗体能测试现场测试手册》关于测试之间的最短休息时间的规定，且必须注意，复测是"单独进行管理与评分的"。对于复测成绩的评估将比初测更加严格，因为复测成绩是否合格会对士兵的职业生涯与晋升评定产生重要影响。

如果士兵未能通过初次的陆军战斗体能测试，则需要制定并实施有效的训练计划，以提升通过复试的可能性。本书第12章提供了具体的训练计划，这些训练计划在时间安排与训练频率上非常符合士兵的需求。本章已经讨论了如何评估和分析测试结果，以及如何根据结果确定训练目标和顺序。士兵即使不能完全按照训练计划进行训练，也可以根据陆军战斗体能测试结果，对需要提升的体能素质进行针对性的训练。例如，如果士兵在评估肌肉力量的测试科目中表现较好，那么就应该将训练重点放在其他体能素质上而非优先进行力量训练或抗阻训练。如果士兵未能通过所有测试科目，那么对其测试成绩影响最大的就应该是肌肉力量与有氧耐力。毕竟，肌肉力量和有氧耐力水平均较高的士兵在评估肌肉耐力、无氧耐力与爆发力的测试中表现不佳的情况非常少见。

本书虽然是陆军战斗体能测试训练的可靠资源，但也无法替代具有认证资格的体能教练。如果士兵不知道如何进行针对性的体能训练，那么最好从专业体能教练（最好具有军事体能训练经验）那里获得正确的训练指导。请与美国国家体能协会的特种行业体能部门联系，以获取更多有关体能教练资源的信息，从而获得更好的个性化体能训练指导。如果士兵更偏向于自己进行训练，那么可以使用沃尔特运动应用程序，该应用程序包含本书的训练计划。

第 11 章

训练计划的注意事项

安全须知

进行体能训练时，安全最重要。遵循专业的训练计划进行训练，士兵能够基于循证的体能训练原则实现渐进超负荷，从而以一种可预见的、安全且有效的方式提升体能素质。以下是有助于训练成功的一般性安全指南（特别适用于团体训练）。

1. 在具有资质的专业人员的指导下进行训练。
2. 身体出现伤痛时请勿训练。
3. 选择合理的练习、训练量与训练强度。
4. 确保每个士兵都有足够的训练空间，尤其注意以下几点。
   - 杠铃或哑铃末端的间距最少为3英尺（1米）。
   - 举重台四周最少有4英尺（1米）的空间。
   - 每位士兵最少有49平方英尺（4.6平方米）[7英尺（2米）×7英尺（2米）]的用于热身、放松和正式训练的空间。
5. 只从信誉良好的公司购买训练器材，并定期对训练器材进行检查。

测试前剩下的训练时间

本书第12章提供了一些训练计划，这些计划是根据测试前士兵所能使用的训练时间来制定的。充足的训练时间允许士兵在执行训练计划时逐渐增加训练量与训练强度，从而减少受伤的风险。如果测试前剩下的训练时间很少，那么士兵应以熟悉每项测试的内容为主。如果士兵没有足够的训练时间来全面提高自己的动作能力，那么通过训练来熟悉每项测试可以缓解因测试产生的焦虑感，甚至可以提高测试成绩。如果测试前剩下的训练时间不太充足，那么应重视全身肌肉力量训练与有氧耐力训练（特别是跑步训练），因为这两项体能素质通常会对更多的测试科目产生影响。测试前剩下的训练时间过少并不利于士兵通过陆军战斗体能测试。请提前设定训练计划，并利用尽可能多的时间来进行合理的训练。

个人注意事项

个体的特殊情况会影响训练安排，下面将对具有代表性的几种进行说明。在开始训练之前，请务必考虑这些情况，并在整个训练过程中根据需要及时做出调整。

竞争性需求

尽管测试前剩下的训练时间可能是士兵确定整个体能训练计划持续时长的主要影响因素，但竞争性需求决定了士兵可以进行体能训练的频率。因为所有的训练都需要一定的恢复时间，对士兵的恢复能力有一定的要求。例如，长距离行军会影响士兵第2天的下半身力量训练；长时间的夜间训练会导致士兵无法在第2天早上进行最大强度的速度与敏捷性训练。本书体能训练计划中训练频率的设定并没有考虑竞争性需求。士兵需要认识到竞争性需求对体能训练计划的影响，并根据实际情况对训练计划进行必要的调整，以实现必要的恢复，这样才能在确保训练安全、有效，实现积极的适应。

有时竞争性需求可能会成为原有训练的替代性或补充性训练。士兵如果必须在周五早上进行内容为5英里跑的团队训练，那么可以用该训练替代原有体能训练计划中的有氧耐力训练。也就是说，当额外要进行的训练和原有体能训练计划中的某项训练针对的体能素质相同，而士兵当天没有时间同时完成这两项训练，也无法将原有体能训练计划中的某项训练安排在其他天进行，则额外要进行的训练可以替代原有体能训练计划中的相应训练。一些竞争性需求只会占用士兵的时间，对士兵的体能素质提升没有任何益处。在这种情况下，士兵应遵循第10章的指导，根据自身情况，优先进行针对自身最需要提升的体能素质的训练。需要注意的是，如果一名士兵是优秀的长跑运动员，并且发现自己的训练时间极为紧张，那么他可能倾向于进行跑步训练。但士兵应抵制这种希望进行自己所擅长的训练的诱惑，转而将训练重点放在抗阻训练上，以改善自身力量与爆发力的不足。

体能水平

士兵当前的体能水平会影响后续训练的频率、强度和量。士兵如果当前的体能水平较低，即使时间允许，也最好不要每周训练5天。体能水平较低的士兵如果希望进行高频率的训练，则应考虑降低1~2次训练的强度或量，以降低受伤的风险。训练的速度与负荷这两个影响强度的变量通常由士兵自我调控，士兵通常会将其调至低于适合自身情况的水平。然而，士兵需要注意，如果自己曾经具备较高的体能水平，请勿尝试使用以前的训练强度。训练量是应根据体能水平进行调整的另一个变量。本书中的训练计划基于训练周期，对训练量进行了尽可能系统的规划。与过早地使用大训练量的计划相比，在较长的周期内缓慢地增加训练量会使训练更具持续性，也更安全。训练量增加得过快或过多是士兵出现急性与慢性损伤的主要原因，这种训练安排会降低或完全削减士兵的训练效果。

训练年限或训练智商

体能水平影响士兵的训练能力，训练年限与训练智商决定士兵能否更有效地完成训练计划中的练习。与新手相比，经验丰富且训练智商更高的士兵的训练效率更高。与缺乏多方向运动经验的士兵相比，具有丰富运动经验或高水平动作能力的士兵进行速度与敏捷性训练的效率更高。请注意，士兵的训练年限具有训练类型特定性。例如，士兵作为精英越野运动员的经历并不能转化为娴熟的力量训练技术。同样，力量举的训练经历也并不能转化为娴熟的敏捷性训练技术。一些士兵天生拥有较高水平的力量与爆发力，但他们如果不熟悉运动技巧，也无法将其有效地表现出来。而一个经验丰富且训练智商高的举重运动员，即使多年不训练，自身拥有的肌肉记忆依然可以帮助其以娴熟的技术完成训练。

可用训练时间

美国陆军的军事技战术训练很多，这些训练会占用士兵的时间，从而导致士兵体能训练的时间减少。对于体能训练来说，需要关注两个主要的变量：训练频率与持续时间（即多久训练一次及每次训练的时长）。本书的训练计划已经过调整和优化，形成了每周训练2~5天训练频率，易与典型的体能训练课程匹配。但是，可能在某几周，士兵可以训练的天数少于预期，或在训练日中可用于体能训练的时间短于预期，或二者兼具。针对这些情况，尚无完美的解决方案，一个简单的方法是优先进行针对自身劣势体能素质的训练。士兵需要控制只进行自己觉得舒适且熟悉的训练的想法。毕竟，维持优势体能素质水平所用的时间与精力要比提升劣势体能素质水平所用的时间与精力少得多。需要注意的是，保持训练的稳定性对训练效果的提升至关重要。一周进行3次30分钟的训练比一周只进行一次90分钟的训练更有效。

环境、季节及地点

　　环境因素会影响士兵的训练计划。在极端炎热的天气，士兵可能需要在夜晚进行室外体能训练或在装有空调的室内进行体能训练。在极端寒冷或下雪的天气，士兵可能完全无法进行室外训练，只能在拥挤的健身房中抓紧时间训练。士兵需要自己寻找机会训练而不是找借口放弃训练，但请勿将自己置于不稳定、不安全的训练环境中。对于极端环境（如高温、寒冷及高海拔），士兵需要有针对性地逐步适应。士兵应遵循美国陆军的规定，为各种环境制定合适的适应方案及补水方案。

器材的可用性

　　器材的可用性是士兵为备战陆军战斗体能测试进行有效训练时最需要考虑的问题之一。美国陆军正在逐步解决这个问题，但在当下，士兵可能需要一些创造力来克服器材问题。本书的训练计划有意安排了使用杠铃与哑铃等简单器材进行的练习。尽管这些器材在常规运动环境中非常常见，但由于这些器材在以往为通过美国陆军体能测试而设置的体能训练中并不是必需器材，所以它们在一般的军事健身房内通常数量不足。意识到器材不足的问题，在本书中，针对训练计划中的练习，均提供了替代性练习。如果没有可用的规定器材，士兵可以根据实际情况，选择动作模式相同但使用当下可用器材进行的替代性练习。针对每种动作类型，本书都提供了使用多种器材进行的练习。在没有任何可用器材的情况下，士兵可以选择进行自重训练。

伤病或健康状况

　　士兵绝对不能进行因伤病或健康状况而被禁止进行的练习。但是，当有可以进行的替代性练习时，请勿将不会影响训练安全的小伤病作为放弃训练的借口。当士兵受伤时，请按照规定与士兵所在部队的物理治疗师或运动防护师联系，以确定士兵可以安全地进行训练中的哪些练习。当士兵生病时，请按照其所在部队的医疗规定，让其接受适当且有效的治疗。在伤病状态下进行训练几乎是没有效果的，而且通常也没有必要。

恢复

　　身体对训练过程中受到的压力所产生的积极适应不会发生在训练过程中，相反，它发生在两次训练之间、身体能够恢复的时候。针对陆军战斗体能测试的训练计划中没有关于恢复的规定，但是，要防止过度训练带来的负面效果，士兵需要进行有效的恢复。恢复的目的是减轻长期训练引发的疲劳感，使训练的收益达到最大。遵循本书中循序渐进的周期性训练计划，可以减少士兵过度训练的风险。在训练周期中设置几个降载周或降低训练量或训练强度（或二者兼具），可使士兵的身体从之前的超负荷训练中恢复过来。除此之外，其他一些恢复方法也值得尝试。

营养

本书不是合理饮食的指导手册。请参阅本书的"推荐资源"部分，以了解有哪些针对营养的专业图书。士兵为身体补充适当的水分与能量，对促进恢复和实现超量恢复至关重要。摄入适量的高质量热量可帮助士兵的身体从训练的疲劳中恢复。这个重建过程至关重要，它能通过优化士兵的身体成分与能量水平，最大化地提高士兵的力量与耐力。摄入适量的、比例合理的碳水化合物、脂肪与蛋白质，对于提高训练效果至关重要。大多数部队都有注册营养师，士兵可以向其咨询，以获得专业指导。

睡眠

由于晚睡、早起、职业及个人压力、营养不良和日程安排不规律等原因，士兵通常难以在夜晚获得充足的高质量睡眠。与营养一样，士兵需要努力确保睡眠时间充足及提高睡眠质量，以进行适当的恢复，从而优化自身表现。充足的睡眠对于身体功能及认知功能非常重要，睡眠不足的负面影响与饮酒引起的损害非常相似。美国睡眠协会（ASA）建议，大多数成年人每晚的睡眠时长应为7~8小时，有些人每晚的睡眠时长甚至需要达到10小时。可以通过养成良好的睡眠习惯来提高睡眠质量。养成良好的睡眠习惯不是难事，只需注意一些事项。士兵在睡前应避免使用电子产品及进食，在午后应避免摄入含咖啡因的饮料、酒精与烟草制品。有助于改善睡眠质量的方法还有保持黑暗、安静且凉爽的睡眠环境、定期运动（但请勿在睡前运动），以及其他缓解压力的方式，如冥想。士兵如果认为自己有睡眠问题，请寻求专业人员的评估与指导。大多数相关的专业设施通常对士兵都是免费开放的。

主动恢复环节

由于社交媒体的宣传，许多恢复方式与器材得到了普及，其中一些价格昂贵，但也存在对恢复非常有益的平价选择。常见的商业化方式多种多样，如冷疗、水疗及热疗、按摩与使用压缩衣。士兵应了解这些恢复措施的有效性，并根据需要将其纳入训练计划。本书列出的一些推荐资源包含了对于这些恢复措施有效性的研究。

本书的建议是，将主动恢复环节纳入整体训练，并在无负荷的状态下进行全范围的关节活动，以提高运动质量。换言之，从训练开始到结束，士兵都要进行彻底的全身热身。在此之前，还要对感觉异常紧绷的肌肉进行泡沫轴滚压。由教练指导的瑜伽课程也会有所帮助。膈肌呼吸练习可以使士兵的身体从紧张的交感神经应激状态转变为更放松的副交感神经应激状态。另一个减轻身体负荷的建议是双脚离地，如偶尔将泳池训练作为低强度有氧耐力训练的方法。士兵如果不会游泳，则只需在游泳池的浅水区执行本书中的常规站姿热身练习。

记住，恢复的最终目标是减少训练压力对身体产生的负面影响，而不是产生需要额外时间与能量来恢复的新压力。在训练计划中安排降载期和完全休息日是非常必要的。摄入合理的高质量饮食及保证睡眠量是很好的被动恢复方式。有特定目标的无负荷的主动恢复方式，如按摩、运动、呼吸或冥想等，几乎可以纳入训练计划的任何阶段。

陆军战斗体能测试后的体能维持

本书的目的是帮助士兵为陆军战斗体能测试做好准备，以在测试时达到最佳表现水平。针对测试的训练和针对岗位任务的训练的划分，与陆军体能测试为测试标准时的有所不同，因此该书提供的计划可能无法满足一些特定岗位任务的需求。如果执行本书的训练计划能够帮助士兵通过陆军战斗体能测试，那么士兵在缺乏专业指导的情况下，在测试后继续执行本书的训练计划，仍能继续提高体能水平。在保持训练计划中的组数和重复次数不变的情况下，士兵需要提高抗阻训练与代谢调节训练的强度，以促进自身体能水平的持续提升。可以明确的是，如果士兵因一段时间的训练不足或训练不稳定而体能水平下降，那么再次执行本书的训练计划是帮助其体能水平恢复的好办法。士兵的体能水平越高，就越需要通过个性化训练来进行提升。请参阅本书结尾处的"推荐资源"部分，以获取更先进的训练方法或进一步提升体能水平的其他途径。

感谢美国陆军和亨利·比利亚拉马（Henry Villarama）供图。

训练计划示例

　　本章的训练计划非常灵活，时间或器材不足不能成为士兵未通过陆军战斗体能测试的借口。在本章中，24周、12周、8周及4周的训练计划都提供了每周训练5天、4天、3天及2天的选项。对于考试来说，临时抱佛脚不可取，对于陆军战斗体能测试来说，亦是如此。如果士兵已经具备了一定的体能水平，只是需要更好地理解如何执行陆军战斗体能测试各个项目的测试动作，那么8周或更短的速成训练可能是有效的。但是要注意，与每周训练5天的4周训练计划相比，每周只训练2天的24周训练计划对士兵更加有益。缓慢地提升有助于持续地进阶。当士兵有充足的训练时间来进行适当的进阶时，其在训练中受伤的可能性就会很小。

　　接下来，我们将讨论如何选择训练计划，以及遇到生活阻碍时如何调整训练计划。之后，我们将讨论如何执行训练计划中的练习，以及没有指定器材时可以使用哪些替代性练习。

选择和调整训练计划

1. 根据每周最可能实现的训练频率来选择训练计划。

    士兵不能因为自己每周想训练5天而选择每周5天的训练频率，而需要根据自己的日程安排与竞争性需求，选择最适合自己实际情况的训练频率。训练频率较低的训练计划删去了一些不太重要的练习，但保留了关键的训练元素。因此，士兵执行每周训练3天的训练计划仍然可以提高自己的体能水平。训练计划并未要求士兵在每周的哪几天训练，因为士兵的训练需要具有一定的灵活性，以适应美国陆军日程安排的易变性。理想情况下，士兵应有充足的恢复时间，使得身体能最大限度地恢复；但要注意，如果情况不太理想，士兵即便未充分恢复，也要尽可能地参加训练。例如，如果士兵每周只能训练2天，则在周一和周四训练可以使身体获得最大限度的恢复；但是，如果在某一周，士兵只能在周一和周二训练，则应尽可能地连续两天参与训练，这样的训练效果好于一周只训练一天的训练效果。

2. 确定在陆军战斗体能测试前可持续训练的最长时间。

    如果士兵选择执行完整的24周训练计划，则只需从第1阶段的第1天坚持到第6阶段的最后一天。士兵如果因为时间限制，只能选择12周、8周或4周的训练计划，那么请根据表12.1确定每周执行24周训练计划的第几阶段的第几周的计划。以上短周期训练计划全部源自完整的24周训练计划。

表12.1　24周训练计划的12周、8周及4周版本

距陆军战斗体能测试的周数	12周训练计划	8周训练计划	4周训练计划
12	P1 W1*		
11	P1 W2		
10	P1 W3		
9	P2 W1		
8	P2 W3	P1 W1	
7	P2 W4	P1 W2	
6	P5 W2	P5 W1	
5	P5 W3	P5 W2	
4	P5 W4	P5 W3	P6 W1
3	P6 W1	P1 W1	P6 W2
2	P6 W2	P6 W2	P6 W3
1	P6 W4	P6 W4	P6 W4

如果士兵选择执行完整的24周训练计划，那么就必须从第1阶段的第1天坚持到第6阶段的最后一天。士兵只能在选择执行完整24周训练计划的12周、8周或4周版本时使用此表。

*P代表阶段，W代表周。

3. 根据日程安排调整训练频率。

无论士兵预先选择哪种训练频率，都可以随时根据实际情况，每周对训练计划进行调整。换言之，士兵如长一直执行每周训练4天的训练计划，但在接下来的一周中只能训练2天，那么最好改为执行每周训练2天的训练计划同一阶段同一周的训练内容，而不是依旧执行每周训练4天的训练计划。与从每周训练4天的训练计划中随机挑选2天的训练内容相比，这样的调整能使士兵完成更多其需要的训练内容。也就是说，士兵如果确实需要从训练频率较高的训练计划中选择2天的训练内容，那么至少应选择能优化士兵最大短板的训练内容。最大力量与有氧耐力都具有持续时间较长的残余效益期，因此，当训练时间有限时，士兵可以在一至两周中选择针对二者中更弱一项的训练，而暂且搁置针对另一项体能素质的训练。

执行练习

士兵在每次训练前应按照第13章中的热身指南进行热身，这有助于士兵在后续的训练中充分发挥自己的潜力。通常情况下，无论士兵是进行单纯的力量训练或代谢调节训练，还是二者结合的训练，热身都应该包含跳跃、投掷或举重变式等爆发性动作，以提升快速发力的能力。以力量为目标的练习的目的是产生力，因此，士兵常常希望使用尽可能大的负荷，却不确定自己使用如此大的负荷能否完成规定的次数。士兵应牢记，掌握所选训练计划中的所有练习的技巧至关重要，不能为追求更快的速度或更大的力量而降低对练习质量的要求。士兵在一些训练日应主要进行代谢调节训练，而在其他训练日则花费很少的时间进行该类训练。

记住，并非每次训练都要求使用最大强度，应遵循训练计划中的负荷指南。士兵如果要以较高的频率（每周4~5次）进行训练，那么只需全力以赴地完成其中一次即可。当然，大多数训练都要求士兵尽最大努力，士兵很可能无法完成每组的最后1~2次。对于代谢调节训练，无论训练内容让自己特别不适还是比自己以往习惯的强度更轻松，士兵都一定要遵循训练计划的安排。

就抗阻练习而言，需要注意以下几点。

■ **斜体字与非斜体字呈现的组数 × 次数。** 当训练计划中的某项练习的组数 × 次数以斜体字和非斜体字两种形成呈现时，士兵需先进行斜体字呈现的热身组训练，再进行非斜体字呈现的正式组训练。当训练计划中的某项练习的组数 × 次数仅以非斜体字呈现时，士兵仅需要进行正式组训练。

■ **训练强度占陆军战斗体能测试标准的百分比。** 当训练计划中出现了与陆军战斗体能测试直接相关的练习时，训练强度的设定要基于陆军战斗体能测试对应的标准。例如，当训练计划中出现了俯卧撑或硬拉练习时，应根据T形俯卧撑－手臂伸直测试规定的重复次数（对于俯卧撑来说）或3RM六角杠铃硬拉测试规定的重量（对于硬拉来说）来设定训练强度。理想情况下，士兵应该在训练前不久刚参加过陆军战斗体能测试，T形俯卧撑－手臂伸直测试与3RM六角杠铃硬拉测试的成绩能够体现当前士兵与测试科目相关的体能素质的水平。如果士兵从未参加过陆军战斗体能测试，请根据第10章的指导确定士兵当前的战备状态。

■ **逐步达到训练规定的RM要求。** 当训练计划要求士兵使用1RM、3RM或5RM（即相应重复次数最大重量，指士兵可以重复练习1次、3次或5次时可使用的最大重量）时，士兵应通过多组训练，逐步达到要求。在进行正式组训练之前，士兵应先进行一组或多组的热身组训练，同时进行第一次尝试，以确定自己在达到重复次数要求的前提下所能使用的最大重量。第一次尝试通常较为保守。士兵如果可以轻松地完成第一次尝试，那么就要增加重量，进行第二次较为激进的尝试。注意，在两次尝试之间至少休息32分钟且尝试次数不要超过3次。对于有达到RM要求的练习来说，在尝试组后还有使用占RM规定百分比的重量进行的训练组。士兵可将在尝试组中达到的最大重量乘以规定百分比，以此得到在后续训练组中使用的重量。

■ **超级组。** 在训练中，士兵通常需要以成对训练或小循环训练的方式来执行多个练习。在超级组中，练习顺序会以数字的形式标记在练习名称前。例如，标记"2a"与标记"2b"的练习应交替进行，而标记"3a""3b""3c"的练习应以小循环的方式进行。一些练习不会出现在超级组中，但很多练习会以超级组的方式进行。

■ **休息。** 除非另有说明，士兵应保证两个练习之间有足够的休息时间，以使自己在每次重复中都能竭尽全力。当士兵需要在爆发力训练后立即进行力量训练时，在两个练习间有足够的休息时间尤为重要。当士兵完成需要多个关节与肌肉群参与的大重量复合练习，转而进行负荷较小的辅助练习时，可以减少练习间和组间的休息时间。

■ **降载周。** 在大多数训练计划中，各阶段的第4周都是降载周。与前几周相比，降载周的训练量会减少。设置降载周的目的是使士兵的身体从前几周施加的渐进性超负荷中恢复，因此，士兵在降载周中需要克制自己，不能进行超过规定组数与次数的训练。一般来说，降载周的训练强度与其他周相同，但士兵如果想降低训练强度，可以稍微降低一点。

■ **缩减训练课内容。** 理想情况下，士兵应完整地执行训练计划中规定的训练内容。但有时，时间不允许士兵完成所有训练内容，那么士兵应尽量完成爆发力训练及大重量力量训练。完成这些训练内容后，士兵需要根据实际情况确定优先进行辅助训练还是代谢调节训练。请参考第10章的内容，来确定爆发力训练及大重量力量训练后的训练安排。通常来说，士兵应在陆军战斗体能测试前的训练时间内优先提升自己的劣势体能素质。士兵如果在与代谢调节能力更相关的测试科目中表现不佳，则应优先进行代谢调节训练；如果在基于力量的测试科目中表现不佳，则应优先进行辅助性抗阻训练。记住，与提升自身劣势体能素质相比，士兵在维持优势体能素质水平的训练中应采用更小的训练量。

训练计划中的常用缩写词

训练计划中会用到首字母缩写词，其有助于指导训练器材的选择与执行。

器材

BB：杠铃。

DB：哑铃。

KB：壶铃。

MB：药球。

SB：瑞士球。

练习执行方式

Alt（交替）：身体两侧交替进行。

AMRAP（完成尽可能多的重复次数）：在每组训练中，尽可能多地重复练习。

ECC（离心收缩）：与外界阻力（一般是重力的作用）同方向移动时，有意识地放慢动作。ECC的后面通常有一个数字，该数字表示离心收缩的秒数。例如，"ECC3"意味着士兵应让练习的离心部分持续3秒。

EMOM（每分钟完成规定次数）：在规定的时间内，每分钟执行一个相应循环或练习的规定重复次数。

ISO（等长收缩）：在练习的转换位置保持规定的秒数。例如，"ISO3"表示士兵需要在练习的转换位置保持3秒。转换位置是由离心收缩动作向向心收缩动作转换的位置，如俯卧撑的底部位置，或是由向心收缩动作向离心收缩动作转换的位置，如俯卧撑的顶部位置。转换位置是练习中最需要克服重力的位置，通常指练习的底部位置。

SA（单臂）：在进行对侧手臂的训练之前先进行一侧手臂的训练。

SL（单腿）：在进行对侧腿的训练之前先进行一侧腿的训练。

MR（连续执行）：落地时不暂停，连续地重复练习。

RDL：罗马尼亚硬拉。

RG（反握）：采用手臂旋后（手掌向上）的抓握姿势。

SR（单次执行）：落地时暂停，即完成一次重复后稍稍暂停再进行下一次。

Wtd：负重训练。

练习速查

本列表中的抗阻练习与能量代谢练习源自书中的示例训练计划（表12.2至表12.25），大多数是书中第4部分各章介绍的练习的特定变式。

替代性练习及替代性练习的选择

第12章的训练计划所包含的练习应为士兵的首选练习，因为这些练习与陆军战斗体能测试和整个训练计划相关。如果需要选择替代性练习（可能由于训练器材或空间的限制），那么就要从第4部分的练习讲解章节选择替代性练习。士兵可从练习讲解章节开头的表格的最上面一行找到想要替换的首选练习（这些练习的名称中可能并未包含所使用的器材）。接下来，士兵可从表格的最左列找到可使用的器材。士兵需要的替代性练习在想要替换的首选练习所在的列与可使用的器材所在的行相交的单元格中。请选择能最大限度地模拟首选练习的姿势、动作模式和负荷水平的替代性练习。注意，首选练习不一定有使用某一种器材的替代性练习，但一定有使用自重的替代性练习。因此，士兵没有理由完全忽略训练计划所包含的某个练习。选择好替代性练习后，士兵可以在练习讲解章节找到执行替代性练习的详细说明。

表12.2　为期2天的计划，第1阶段

第1周			
第1天		**第2天**	
（1）纵跳	2×5（SR）	（1）纵跳	2×5（SR）
（2a）哑铃弓步走	*每侧1×8* 每侧3×12	（2a）硬拉	2×5
（2b）实力推	*2×5* 3×10	（2b）俯卧撑	2×10
（2c）腹肌滚动	3×12	（3）EMOM循环	15分钟
（3a）引体向上	*2×5* 3×10	（a）硬拉	×2 ACFT MDL 负重的74%
（3b）瑞士球腿弯举	3×12	（b）俯卧撑	ACFT HRP 重复次数的15%
（3c）平板支撑	3×30秒	（4a）反向划船	3×12
		（4b）反向卷腹	3×12
		（5a）面拉	3×12
		（5b）站姿侧屈	每侧3×12
代谢调节训练		**代谢调节训练**	
100码往返跑 （以25码递增）	×6，休息2分30秒	3~5英里跑	MHR的70%~80%
第2周			
第1天		**第2天**	
（1）纵跳	2×5（SR）	（1）纵跳	2×5（SR）
（2a）哑铃弓步走	*每次1×8* 每次3×12	（2a）硬拉	2×5
（2b）肩推	*2×5* 3×10	（2b）俯卧撑	2×10
（2c）腹肌滚动	3×12	（3）EMOM循环	20分钟
（3a）反握引体向上	*2×5* 3×10	（a）硬拉	×2 ACFT MDL 负荷的74%
（3b）瑞士球腿弯举	3×12	（b）俯卧撑	ACFT HRP 重复次数的15%
（3c）前平板支撑	3×30秒	（4a）反向划船	3×12
		（4b）反向卷腹	3×12
		（5a）面拉	3×12
		（5b）侧弯	每侧3×12
代谢调节训练		**代谢调节训练**	
100码往返跑 （以25码递增）	×6，休息2分30秒	3~5英里长跑	MHR的70%~80%

续表

为期2天的计划，第一阶段

第3周			
第1天		**第2天**	
（1）纵跳	2×5（SR） 1×5（MR）	（1）纵跳	2×5（SR）
		（2a）硬拉	2×5
（2a）哑铃弓步走	*每侧1×8* 每侧4×12	（2b）俯卧撑	2×10
（2b）实力推	*2×5* 4×10	**（3）EMOM循环**	25分钟
（2c）腹肌滚动	4×12	（a）硬拉	×2 ACFT MDL 负重的74%
（3a）引体向上	*2×5* 4×10	（b）俯卧撑	ACFT HRP 重复次数的15%
（3b）瑞士球腿弯举	4×12		
（3c）平板支撑	4×30秒		
代谢调节训练		**代谢调节训练**	
100码往返跑 （以25码递增）	×6，休息2分30秒	4~6英里越野跑	MHR的70%~80%

第4周			
第1天		**第2天**	
（1）纵跳	2×5（SR） 1×5（MR）	（1）纵跳	2×5（SR）
（2a）哑铃弓步走	*每侧1×8* 每侧3×12	（2a）硬拉	2×5
（2b）实力推	*2×5* 3×10	（2b）俯卧撑	2×10
（2c）腹肌滚动	3×12	**（3）EMOM循环**	25分钟
（3a）引体向上	*2×5* 3×10	（a）硬拉	×2 ACFT MDL 负重的74%
（3b）瑞士球腿弯举	3×12	（b）俯卧撑	ACFT HRP 重复次数的15%
（3c）平板支撑	3×30秒	（4a）反向划船	3×12
		（4b）反向卷腹	3×12
		（5a）面拉	3×12
		（5b）站姿侧屈	每侧3×12
代谢调节训练		**代谢调节训练**	
100码往返跑 （以25码递增）	×6，休息2分30秒	3~5英里跑	MHR的70%~80%

ACFT MDL：陆军战斗体能测试3RM六角杠铃硬拉测试；ACFT HRP：陆军战斗体能测试T形俯卧撑－手臂伸直测试，余同。

表12.3 为期2天的计划，第2阶段

第1周			
第1天		第2天	
（1）纵跳	1×5（SR） 2×5（MR）	（1a）手臂死虫式	每侧2×5
（2a）硬拉	*2×5* 4×5	（1b）下肢死虫式	每侧2×5
（2b）药球铲式抛投	3×5	（2）纵跳	2×5（SR） 1×5（MR）
（2c）实力推	*2×5* 4×5	（3a）罗马尼亚硬拉	*2×5* 4×5（ECC3）
（3a）反握引体向上	*2×5* 4×5	（3b）面拉	4×15
（3b）哑铃前弓步	*每侧1×10* 每侧3×15	（4）EMOM循环	20分钟
（3c）腹肌滚动	3×15	（a）引体向上	×2
（4a）仰卧转体	每侧3×8	（b）俯卧撑	×4
（4b）弹力带横拉	3×15	（c）仰卧起坐	×4
（4c）负重平板支撑	3×30秒	（d）深蹲	×4
代谢调节训练		代谢调节训练	
150码往返跑 （以25码递增）	×6，休息2分30秒	3~5英里跑	MHR的75%~85%
第2周			
第1天		第2天	
（1）纵跳	1×5（SR） 2×5（MR）	（1a）手臂死虫式	每侧2×6
（2a）硬拉	*2×5* 5×5	（1b）下肢死虫式	每侧2×6
（2b）药球铲式抛投	3×5	（2）纵跳	1×5（SR） 2×5（MR）
（2c）实力推	*2×5* 4×8	（3a）罗马尼亚硬拉	*2×5* 4×5（ECC3）
（3a）反握引体向上	*2×5* 4×8	（3b）面拉	4×15
（3b）哑铃前弓步	*每侧1×10* 每侧3×15	（4）EMOM循环	20分钟
（3c）腹肌滚动	3×15	（a）引体向上	×2
（4a）仰卧转体	每侧3×8	（b）俯卧撑	×4
（4b）弹力带横拉	3×15	（c）仰卧起坐	×4
（4c）负重平板支撑	3×30秒	（d）深蹲	×4
代谢调节训练		代谢调节训练	
150码往返跑 （以25码递增）	×6，休息2分30秒	3~5英里跑	MHR的75%~85%

续表

第3周			
第1天		第2天	
（1）纵跳	1×5（SR） 2×5（MR）	（1）纵跳	1×5（SR） 2×5（MR）
（2a）硬拉	*2×5* 5×5	（2）EMOM循环	20分钟
（2b）药球铲式抛投	3×5	（a）引体向上	×3
（2c）实力推	*2×5* 4×8	（b）俯卧撑	×5
（3a）反握引体向上	*2×5* 4×8	（c）仰卧起坐	×5
（3b）哑铃前弓步	*每侧1×10* 每侧3×15	（d）深蹲	×7
（3c）腹肌滚动	3×15		
（4a）仰卧转体	每侧3×8		
（4b）弹力带横拉	3×15		
（4c）负重平板支撑	3×30秒		
代谢调节训练		代谢调节训练	
150码往返跑 （以25码递增）	×6，休息2分30秒	4~6英里越野跑	MHR的75%~85%

第4周			
第1天		第2天	
（1）纵跳	1×5（SR） 2×5（MR）	（1a）手臂死虫式	每侧2×8
（2a）硬拉	*2×5* 4×5	（1b）下肢死虫式	每侧2×8
（2b）药球铲式抛投	3×5	（2）纵跳	1×5（SR） 2×5（MR）
（2c）实力推	*2×5* 3×8	（3a）罗马尼亚硬拉	*2×5* 3×8
（3a）反握引体向上	*2×5* 3×8	（3b）面拉	4×15
（3b）哑铃前弓步	*每侧1×10* 每侧3×15	（4）EMOM循环	20分钟
（3c）腹肌滚动	3×15	（a）引体向上	×3
（4a）仰卧转体	每侧3×8	（b）俯卧撑	×5
（4b）弹力带横拉	3×15	（c）仰卧起坐	×5
（4c）负重平板支撑	3×30秒	（d）深蹲	×7
代谢调节训练		代谢调节训练	
150码往返跑 （以25码递增）	×6，休息2分30秒	3~5英里跑	MHR的75%~85%

为期2天的计划，第2阶段

表12.4 为期2天的计划，第3阶段

第1周			
第1天		**第2天**	
（1）侧向跨步跳	每侧3×4（SR）	（1）纵跳	3×5（SR）
（2a）后弓步	*每侧1×5* 每侧4×10	（2）药球铲式抛投	3×5
（2b）哑铃实力推	*1×5* 4×5	（3）硬拉	*2×5* 4×5
（3a）反握引体向上	*1×5* 4×5	（4a）哑铃交替俯卧划船	*每侧1×5* 每侧4×10
（3b）哑铃单臂/单腿罗马尼亚硬拉	每侧3×10	（4b）器械臀腿起身	4×10
（4a）俯身侧平举	3×10	（4c）仰卧起坐	4×20
（4b）腹肌滚动	3×10	（5a）卧推	*2×5* 4×5
		（5b）面拉	4×15
		（5c）站姿抗旋转	每侧4×5（ECC5）
代谢调节训练		**代谢调节训练**	
15分钟定时模块	AMRAP	1英里重复跑	×3，速度为2英里/时，运动休息比为1∶1
（a）30码推雪橇（以15码递增）			
（b）30码哑铃农夫行走（以15码递增）			
第2周			
第1天		**第2天**	
（1）侧向跨步跳	每侧3×4（SR）	（1）纵跳	3×5（SR）
（2a）后弓步	*每侧1×5* 每侧4×10	（2）药球铲式抛投	3×5
（2b）哑铃实力推	*1×5* 4×5	（3）硬拉	*2×5* 4×5
（3a）反握引体向上	*1×5* 4×5	（4a）哑铃交替俯卧划船	*每侧1×5* 每侧4×10
（3b）哑铃单臂/单腿罗马尼亚硬拉	每侧3×10	（4b）器械臀腿起身	4×10
（4a）俯身侧平举	3×10	（4c）仰卧起坐	4×20
（4b）腹肌滚动	3×10	（5a）卧推	*2×5* 4×5
		（5b）面拉	4×15
		（5c）站姿抗旋转	每侧4×5（ECC5）
代谢调节训练		**代谢调节训练**	
15分钟定时模块	AMRAP	1英里重复跑	×3，速度为2英里/时，运动休息比为1∶1
（a）30码推雪橇（以15码递增）			
（b）30码哑铃农夫行走（以15码递增）			

续表

为期 2 天的计划，第 3 阶段

第3周			
第1天		**第2天**	
（1）侧向跨步跳	每侧3×4（SR）	（1）纵跳	3×5（SR）
（2a）后弓步	*每侧1×5* 每侧4×8	（2）药球铲式抛投	3×5
（2b）哑铃实力推	*1×5* 4×3	（3）硬拉	*2×5* 4×3
（3a）反握引体向上	*1×5* 4×3	（4a）哑铃交替俯卧划船	*每侧1×5* 每侧4×8
（3b）哑铃单臂/单腿罗马尼亚硬拉	每侧3×3	（4b）臀腿起身	4×10
（4a）俯身侧平举	3×10	（4c）仰卧起坐	4×25
（4b）腹肌滚动	3×10	（5a）卧推	*2×5* 4×3
		（5b）面拉	4×15
		（5c）站姿抗旋转	每侧4×10（ECC3）
代谢调节训练		**代谢调节训练**	
15分钟定时模块	AMRAP	1英里重复跑	×3，速度为2英里/时，运动休息比为1:1
（a）30码推雪橇（以15码递增）			
（b）30码哑铃农夫行走（以15码递增）			

第4周			
第1天		**第2天**	
（1）侧向跨步跳	每侧3×4（SR）	（1）纵跳	3×5（SR）
（2a）后弓步	*每侧1×5* 每侧3×8	（2）药球铲式抛投	2×5
（2b）哑铃实力推	*1×5* 4×3	（3）硬拉	*2×5* 4×3
（3a）引体向上	*1×5* 4×3	（4a）哑铃交替俯卧划船	*每侧1×5* 每侧3×8
（3b）哑铃单臂/单腿罗马尼亚硬拉	每侧3×8	（4b）臀腿起身	3×10
（4a）俯身侧平举	3×10	（4c）仰卧起坐	3×25
（4b）腹肌滚动	3×10	（5a）卧推	*2×5* 4×3
		（5b）面拉	4×15
		（5c）站姿抗旋转	每侧4×10（ECC3）
代谢调节训练		**代谢调节训练**	
15分钟定时模块	AMRAP	1英里重复跑	×3，速度为2英里/时，运动休息比为1:1
（a）30码推雪橇（以15码递增）			
（b）30码哑铃农夫行走（以15码递增）			

表12.5　为期2天的计划，第4阶段

第1周			
第1天		**第2天**	
（1）侧向跨步跳	每侧1×4（SR） 每侧2×4（MR）	（1）纵跳	1×5（SR） 2×5（MR）
（2）哑铃四分之一蹲跳	*1×5（SR）* 2×5（SR）	（2）团身跳	2×5（MR）
（3a）引体向上	*1×5* 4×5	（3a）硬拉	*2×5* 4×5
（3b）哑铃前弓步	*每侧1×5* 每侧4×10	（3b）药球铲式抛投	4×5
（4a）负重俯卧撑	*1×10* 4×10	（4a）哑铃俯卧划船	*1×5* 4×10
（4b）哑铃单腿罗马尼亚硬拉	每侧3×10	（4b）臀腿起身	4×5
（5a）面拉	3×15	（5a）卧推	*2×5* 4×5
（5b）悬垂举腿	3×12	（5b）反握弹力带横拉	4×15
		（5c）腹肌滚动	3×12
代谢调节训练		**代谢调节训练**	
150码往返跑（以25码递增）	×5，休息1分30秒	400米重复跑	×9，速度比2英里/时快5%~15%，运动休息比为1：1
第2周			
第1天		**第2天**	
（1）侧向跨步跳	每侧1×4（SR） 每侧2×4（MR）	（1）纵跳	1×5（SR） 2×5（MR）
（2）哑铃四分之一蹲跳	*1×5（SR）* 2×5（SR）	（2）团身跳	2×5（MR）
（3a）引体向上	*1×5* 4×5	（3a）硬拉	*2×5* 4×3
（3b）哑铃前弓步	*每侧1×5* 每侧4×10	（3b）药球铲式抛投	3×5
（4a）负重俯卧撑	*1×10* 4×10	（4a）哑铃俯卧划船	*1×5* 4×8
（4b）哑铃单腿罗马尼亚硬拉	每侧3×10	（4b）臀腿起身	4×5
（5a）面拉	3×15	（5a）卧推	*2×5* 4×5
（5b）悬垂举腿	3×12	（5b）反握弹力带横拉	4×15
		（5c）腹肌滚动	3×12
代谢调节训练		**代谢调节训练**	
150码往返跑（以25码递增）	×5，休息1分30秒	400米重复跑	×9，速度比2英里/时快5%~15%，运动休息比为1：1

续表

为期2天的计划，第4阶段

第3周			
第1天		**第2天**	
（1）侧向跨步跳	每侧1×4（SR） 每侧2×4（MR）	（1）纵跳	1×5（SR） 2×5（MR）
（2）哑铃四分之一蹲跳	*1×5（SR）* 2×5（SR）	（2）团身跳	2×5（MR）
（3a）引体向上	*1×5* 4×3, 2, 2, 2	（3a）硬拉	*2×5* 4×3
（3b）哑铃前弓步	*每侧1×5* 每侧4×8	（3b）药球铲式抛投	3×5
（4a）负重俯卧撑	*1×10* 4×8	（4a）哑铃俯卧划船	*1×5* 4×8
（4b）哑铃单腿罗马尼亚硬拉	每侧3×8	（4b）臀腿起身	4×6
（5a）面拉	3×15	（5a）卧推	*2×5* 4×3, 2, 1, 1
（5b）悬垂举腿	3×15	（5b）反握弹力带横拉	4×15
		（5c）腹肌滚动	3×15
代谢调节训练		**代谢调节训练**	
150码往返跑 （以25码递增）	×5，休息1分30秒	3~5英里跑	MHR的75%~85%

第4周			
第1天		**第2天**	
（1）侧向跨步跳	每侧1×4（SR） 每侧2×4（MR）	（1）纵跳	1×5（SR） 2×5（MR）
（2）哑铃四分之一蹲跳	*1×5（SR）* 2×5（SR）	（2）团身跳	2×5（MR）
（3a）引体向上	*1×5* 3×3	（3a）硬拉	*2×5* 4×3, 2, 1, 1
（3b）哑铃前弓步	*每侧1×5* 每侧3×8	（3b）药球铲式抛投	2×4
（4a）负重俯卧撑	*1×10* 3×8	（4a）哑铃俯卧划船	*1×5* 3×8
（4b）哑铃单腿罗马尼亚硬拉	每侧3×8	（4b）臀腿起身	3×5
（5a）面拉	3×15	（5a）卧推	*2×5* 4×3
（5b）悬垂举腿	3×15	（5b）反握弹力带横拉	4×15
		（5c）腹肌滚动	3×15
代谢调节训练		**代谢调节训练**	
150码往返跑 （以25码递增）	×5，休息1分30秒	400米重复跑	×9，速度比2英里/时快5%~ 15%，运动休息比为1:1

表12.6　为期2天的计划，第5阶段

第1周			
第1天		第2天	
（1）侧向跨步跳	每侧1×4（SR） 每侧2×4（MR）	（1）纵跳	1×5（SR） 2×5（MR）
（2）药球铲式抛投	3×5	（2）哑铃四分之一蹲跳	1×5（MR） 1×5（MR）
（3）硬拉	2×5 6×5，3，1，5，3，1	（3）深蹲	2×5 4×5
（4a）引体向上（负重组：负重引体向上）	1×5 达到5RM后以5RM的80%进行2×8	（4a）反握俯身划船	1×5 4×5
（4b）器械臀腿起身	4×10	（4b）哑铃俯卧撑	1×ACFT HRP重复次数的10% 4×ACFT HRP重复次数的50%
（5a）实力推	2×5 达到5RM后以5RM的80%进行2×8	（5a）单腿罗马尼亚硬拉	每侧3×8
（5b）弹力带横拉	4×15	（5b）面拉	3×15
（5c）单杠提膝触肘	4×5~10	（5c）罗曼侧身卷腹	每侧3×10
代谢调节训练		代谢调节训练	
拖拽雪橇（25码）+往返跑（25码）	×6 运动休息比为1:3	800米重复跑	×5 速度比2英里/时快5%~15%，运动休息比为1:1
第2周			
第1天		第2天	
（1）侧向跨步跳	每侧1×4（SR） 每侧2×4（MR）	（1）纵跳	1×5（SR） 2×5（MR）
（2）药球铲式抛投	3×5	（2）哑铃四分之一蹲跳	1×5（MR） 1×5（MR）
（3）硬拉	2×5 6×5，3，1，5，3，1	（3）深蹲	2×5 4×5
（4a）引体向上（负重组：负重引体向上）	1×5 达到5RM后以5RM的80%进行2×8	（4a）反握俯身划船	1×5 4×5
（4b）器械臀腿起身	4×10	（4b）哑铃俯卧撑	1×ACFT HRP重复次数的10% 4×ACFT HRP重复次数的50%
（5a）实力推	2×5 达到5RM后以5RM的80%进行2×8	（5a）单腿罗马尼亚硬拉	每侧3×8
（5b）反握弹力带横拉	4×15	（5b）面拉	3×15
（5c）单杠提膝触肘	4×5~10	（5c）训练凳侧身卷腹	每侧3×10
代谢调节训练		代谢调节训练	
拖拽雪橇（25码）+往返跑（25码）	×6 运动休息比为1:3	800米重复跑	×5 速度比2英里/时快5%~15%，运动休息比为1:1

续表

为期2天的计划，第5阶段

第3周			
第1天		**第2天**	
（1）侧向跨步跳	每侧1×4（SR） 每侧2×4（MR）	（1）纵跳	1×5（SR） 2×5（MR）
（2）药球铲式抛投	3×5	（2）哑铃四分之一蹲跳	*1×5（MR）* 1×5（MR）
（3）硬拉	2×5 负荷为3RM	（3）深蹲	*2×5* 4×5
（4a）引体向上（负重组：负重引体向上）	*1×5* 达到3RM后以3RM的80%进行2×6	（4a）反握俯身划船	*1×5* 4×4
（4b）器械臀腿起身	4×10	（4b）哑铃俯卧撑	*1×ACFT HRP 重复次数的10%* 4×ACFT HRP 重复次数的60%
（5a）实力推	*2×5* 达到3RM后以3RM的80%进行2×6	（5a）单腿罗马尼亚硬拉	每侧3×8
（5b）反握弹力带横拉	4×15	（5b）面拉	3×15
（5c）单杠提膝触肘	4×5~10	（5c）训练凳侧向卷腹	每侧3×15
代谢调节训练		**代谢调节训练**	
拖拽雪橇（25码）+往返跑（25码）	×6 运动休息比为1：3	3~5英里跑	MHR的75%~85%
第4周			
第1天		**第2天**	
（1）侧向跨步跳	每侧1×4（SR） 每侧2×4（MR）	（1）纵跳	1×5（SR） 2×5（MR）
（2）药球铲式抛投	3×5	（2）哑铃四分之一蹲跳	*1×5（MR）* 1×5（MR）
（3）硬拉	*2×5* 3×3	（3）深蹲	*2×5* 3×5
（4a）引体向上	*2×5* 3×3	（4a）反握俯身划船	*1×5* 3×5
（4b）器械臀腿起身	3×10	（4b）哑铃俯卧撑	*1×ACFT HRP 重复次数的10%* 3×ACFT HRP 重复次数的60%
（5a）实力推	*2×5* 3×3	（5a）单腿罗马尼亚硬拉	每侧3×8
（5b）反握弹力带横拉	4×15	（5b）面拉	3×15
（5c）单杠提膝触肘	4×5~10	（5c）训练凳侧向卷腹	每侧3×15
代谢调节训练		**代谢调节训练**	
拖拽雪橇（25码）+往返跑（25码）	×6 运动休息比为1：3	1英里计时跑	休息10分钟
		800米重复跑	×2 速度比2英里/时快5%~15%，运动休息比为1：1

表12.7 为期2天的计划，第6阶段

第1周			
第1天		**第2天**	
（1）侧向跨步跳	每侧1×4（SR） 每侧2×4（MR）	（1）踝主导原地跳	1×10（MR）
（2）50码交替脚往返跑	×6	（2）纵跳	1×5（SR）
（3）药球铲式抛投	3×5	（3）爆发性垫步跳	每侧2×4
（4a）反握引体向上	2×5 4×8，8，6，6 1×AMRAP（>5次）	（4）ACFT练习	之前ACFT成绩的90%
（4b）哑铃保加利亚分腿蹲	每侧1×5 每侧4×10		
（5a）上斜卧推	2×5 4×8，8，6，6		
（5b）罗马尼亚硬拉	1×5 3×5 1×10		
（6a）单杠提膝触肘	4×5~20		
（6b）面拉	4×15		
代谢调节训练		**代谢调节训练**	
400米重复跑	×9 速度比1英里/时快5%~15%， 运动休息比为1：1	无	
第2周			
第1天		**第2天**	
（1）侧向跨步跳	每侧1×4（SR） 每侧2×4（MR）	（1）踝主导原地跳	1×10（MR）
（2）50码交替脚往返跑	×6	（2）纵跳	1×5（SR）
（3）药球铲式抛投	3×5	（3）爆发性垫步跳	每侧2×4
（4a）反握引体向上	2×5 4×8，8，6，6 1×AMRAP（>5次）	（4）ACFT练习	之前ACFT成绩的100%
（4b）哑铃保加利亚分腿蹲	每侧1×5 每侧4×10		
（5a）上斜卧推	2×5 4×8，8，6，6		
（5b）罗马尼亚硬拉	1×5 3×5 1×10		
（6a）单杠提膝触肘	4×5~20		
（6b）面拉	4×15		
代谢调节训练		**代谢调节训练**	
400米重复跑	×9 速度比1英里/时快5%~15%， 运动休息比为1：1	无	

续表

第3周			
第1天		**第2天**	
（1）侧向跨步跳	每侧1×4（SR） 每侧2×4（MR）	（1）踝主导原地跳	1×10（MR）
（2）50码交替脚往返跑	×6	（2）纵跳	1×5（SR）
（3）药球铲式抛投	3×5	（3）爆发性垫步跳	每侧2×4
（4a）反握引体向上	2×5 3×5	（4）ACFT练习	全力以赴练习
（4b）哑铃保加利亚分腿蹲	*每侧1×5* 每侧3×10		
（5a）上斜卧推	2×5 3×5		
（5b）罗马尼亚硬拉	1×5 3×5		
（6a）单杠提膝触肘	4×5~20		
（6b）面拉	4×15		
代谢调节训练		**代谢调节训练**	
400米重复跑	×9 速度比1英里/时快5%~15%， 运动休息比为1∶1	无	
第4周			
第1天		**第2天**	
（1）侧向跨步跳	每侧1×4（SR） 每侧1×4（MR）	（1）踝主导原地跳	1×10（MR）
（2）50码交替脚往返跑	×4	（2）纵跳	1×5（SR）
（3）药球铲式抛投	3×5	（3）爆发性垫步跳	每侧2×4
（4a）反握引体向上	2×5 3×5	（4）ACFT练习	最后一周ACFT成绩的 80%
（4b）哑铃保加利亚分腿蹲	*每侧1×5* 每侧3×6		
（5a）上斜卧推	2×5 3×5		
（5b）罗马尼亚硬拉	1×5 3×5		
（6a）单杠提膝触肘	2×5~20		
（6b）面拉	2×15		
代谢调节训练		**代谢调节训练**	
2英里跑	MHR的75%~35%	无	

表12.8 为期3天的计划，第1阶段

第1周					
第1天		第2天		第3天	
（1）纵跳	2×5（SR）	（1）纵跳	2×5（SR）	（1）踝主导原地跳	2×10（MR）
（2a）哑铃弓步走	*每侧1×8* 每侧3×12	（2a）硬拉	2×5	（2）爆发性垫步跳	每侧2×4
（2b）实力推	*2×5* 3×10	（2b）俯卧撑	2×10	（3）40码提速跑	×4
（2c）腹肌滚动	3×12	（3）EMOM循环	15分钟		
（3a）引体向上	*2×5* 3×10	（a）硬拉	×2 ACFT MDL负重的74%		
（3b）瑞士球腿弯举	3×12	（b）俯卧撑	ACFT HRP重复次数的15%		
（3c）平板支撑	3×30秒	（4a）反向划船	3×12		
		（4b）反向卷腹	3×12		
		（5a）面拉	3×12		
		（5b）站姿侧屈	每侧3×12		
代谢调节训练		**代谢调节训练**		**代谢调节训练**	
100码往返跑（以25码递增）	×6，休息2分钟30秒	无		3~5英里跑	MHR的70%~80%
第2周					
第1天		第2天		第3天	
（1）纵跳	2×5（SR）	（1）纵跳	2×5（SR）	（1）踝主导原地跳	2×10（MR）
（2a）哑铃弓步走	*每侧1×8* 每侧3×12	（2a）硬拉	2×5	（2）爆发性垫步跳	每侧2×4
（2b）实力推	*2×5* 3×10	（2b）俯卧撑	2×10		
（2c）腹肌滚动	3×12	（3）EMOM循环	20分钟		
（3a）引体向上	*2×5* 3×10	（a）硬拉	×2 ACFT MDL负重的74%		
（3b）瑞士球腿弯举	3×12	（b）俯卧撑	ACFT HRP重复次数的15%		
（3c）平板支撑	3×30秒	（4a）反向划船	3×12		
		（4b）反向卷腹	3×12		
		（5a）面拉	3×12		
		（5b）站姿侧屈	每侧3×12		
代谢调节训练		**代谢调节训练**		**代谢调节训练**	
100码往返跑（以25码递增）	×6，休息2分钟30秒	无		5~6英里越野跑	MHR的70%~80%

续表

为期 3 天的计划，第一阶段

第3周					
第1天		**第2天**		**第3天**	
（1）纵跳	2×5（SR） 1×5（MR）	（1）纵跳	2×5（SR）	（1）踝主导原地跳	2×10（MR）
（2a）哑铃弓步走	*每侧1×8* 每侧4×12	（2a）硬拉	2×5	（2）爆发性垫步跳	每侧2×4
（2b）实力推	*2×5* 4×10	（2b）俯卧撑	2×10	（3）40码提速跑	×4
（2c）腹肌滚动	4×12	（3）EMOM循环	25分钟		
（3a）引体向上	*2×5* 4×10	（a）硬拉	×2 ACFT MDL负重的74%		
（3b）瑞士球腿弯举	4×12	（b）俯卧撑	ACFT HRP重复次数的15%		
（3c）平板支撑	4×30秒	（4a）反向划船	4×12		
		（4b）反向卷腹	4×15		
		（5a）面拉	4×12		
		（5b）站姿侧屈	每侧4×12		
代谢调节训练		**代谢调节训练**		**代谢调节训练**	
100码往返跑 （以25码递增）	×6，休息 2分钟30秒	无		3~5英里跑	MHR的 70%~80%
第4周					
第1天		**第2天**		**第3天**	
（1）纵跳	2×5（SR） 1×5（MR）	（1）纵跳	2×5（SR）	（1）踝主导原地跳	2×10（MR）
（2a）哑铃弓步走	*每侧1×8* 每侧3×12	（2a）硬拉	2×5	（2）爆发性垫步跳	每侧2×4
（2b）实力推	*2×5* 3×10	（2b）俯卧撑	2×10		
（2c）腹肌滚动	3×12	（3）EMOM循环	25分钟		
（3a）引体向上	*2×5* 3×10	（a）硬拉	×2 ACFT MDL负重的74%		
（3b）瑞士球腿弯举	3×12	（b）俯卧撑	ACFT HRP重复次数的15%		
（3c）平板支撑	3×30秒	（4a）反向划船	3×12		
		（4b）反向卷腹	3×12		
		（5a）面拉	3×12		
		（5b）站姿侧屈	每侧3×12		
代谢调节训练		**代谢调节训练**		**代谢调节训练**	
100码往返跑 （以25码递增）	×6，休息 2分钟30秒	无		5~6英里跑	MHR的 70%~80%

表12.9 为期3天的计划，第2阶段

为期3天的计划，第2阶段

第1周					
第1天		**第2天**		**第3天**	
（1）纵跳	1×5（SR） 2×5（MR）	（1a）手臂死虫式	每侧2×5	（1）踝主导原地跳	2×10（MR）
（2a）硬拉	*2×5* 4×5	（1b）下肢死虫式	每侧2×5	（2）爆发性垫步跳	每侧2×4
（2b）药球铲式抛投	3×5	（2）纵跳	2×5（SR） 1×5（MR）	（3）40码提速跑	×6
（2c）实力推	*2×5* 4×5	（3a）罗马尼亚硬拉	*2×5* 4×5（ECC3）		
（3a）反握引体向上	*2×5* 4×5	（3b）面拉	4×15		
（3b）哑铃弓步	*每侧1×10* 每侧3×15	（4）EMOM循环	20分钟		
（3c）腹肌滚动	3×15	（a）引体向上	×2		
（4a）仰卧转体	每侧3×8	（b）俯卧撑	×4		
（4b）弹力带横拉	3×15	（c）仰卧起坐	×4		
（4c）负重平板支撑	3×30秒	（d）深蹲	×4		
代谢调节训练		**代谢调节训练**		**代谢调节训练**	
150码往返跑（以25码递增）	×6，休息2分钟30秒	风阻自行车练习	4×30秒 休息4分钟	3~5英里跑	MHR的75%~85%
第2周					
第1天		**第2天**		**第3天**	
（1）纵跳	1×5（SR） 2×5（MR）	（1a）手臂死虫式	每侧2×6	（1）踝主导原地跳	2×10（MR）
（2a）硬拉	*2×5* 5×5	（1b）下肢死虫式	每侧2×6	（2）爆发性垫步跳	每侧2×4
（2b）药球铲式抛投	3×5	（2）纵跳	1×5（SR） 2×5（MR）	（3）40码提速跑	×6
（2c）实力推	*2×5* 4×8	（3a）罗马尼亚硬拉	*2×5* 4×5（ECC3）		
（3a）反握引体向上	*2×5* 4×8	（3b）面拉	4×15		
（3b）哑铃弓步	*每侧1×10* 每侧3×15	（4）EMOM循环	20分钟		
（3c）腹肌滚动	3×15	（a）引体向上	×2		
（4a）仰卧转体	每侧3×8	（b）俯卧撑	×4		
（4b）弹力带横拉	3×15	（c）仰卧起坐	×4		
（4c）负重平板支撑	3×30秒	（d）深蹲	×4		
代谢调节训练		**代谢调节训练**		**代谢调节训练**	
150码往返跑（以25码递增）	×6，休息2分钟30秒	风阻自行车练习	4×30秒 休息4分钟	3~5英里跑	MHR的75%~85%

续表

第3周					
第1天		**第2天**		**第3天**	
（1）纵跳	1×5（SR） 2×5（MR）	（1a）手臂死虫式	每侧2×8	（1）踝主导原地跳	2×10 （MR）
（2a）硬拉	2×5 5×5	（1b）下肢死虫式	每侧2×8	（2）爆发性垫步跳	每侧2×4
（2b）药球铲式抛投	3×5	（2）纵跳	1×5（SR） 2×5（MR）	（3）40码提速跑	×6
（2c）实力推	2×5 4×8	（3a）罗马尼亚硬拉	2×5 4×5（ECC3）		
（3a）反握引体向上	2×5 4×8	（3b）面拉	4×15		
（3b）哑铃弓步	每侧1×10 每侧3×15	（4）EMOM循环	20分钟		
（3c）腹肌滚动	3×15	（a）引体向上	×3		
（4a）仰卧转体	每侧3×8	（b）俯卧撑	×5		
（4b）弹力带横拉	3×15	（c）仰卧起坐	×5		
（4c）负重平板支撑	3×30秒	（d）深蹲	×7		
代谢调节训练		**代谢调节训练**		**代谢调节训练**	
150码往返跑 （以25码递增）	×6，休息 2分钟30秒	风阻自行车练习	4×30秒 休息3分钟	5~6英里跑	MHR的 75%~85%

第4周					
第1天		**第2天**		**第3天**	
（1）纵跳	1×5（SR） 2×5（MR）	（1a）手臂死虫式	每侧2×8	（1）踝主导原地跳	2×10 （MR）
（2a）硬拉	2×5 4×5	（1b）下肢死虫式	每侧2×8	（2）爆发性垫步跳	每侧2×4
（2b）药球铲式抛投	3×5	（2）纵跳	1×5（SR） 2×5（MR）	（3）40码提速跑	×6
（2c）实力推	2×5 3×8	（3a）罗马尼亚硬拉	2×5 3×8		
（3a）反握引体向上	2×5 3×8	（3b）面拉	4×15		
（3b）哑铃弓步	每侧1×10 每侧3×15	（4）EMOM循环	20分钟		
（3c）腹肌滚动	3×15	（a）引体向上	×3		
（4a）仰卧转体	每侧3×8	（b）俯卧撑	×5		
（4b）弹力带横拉	3×15	（c）仰卧起坐	×5		
（4c）负重平板支撑	3×30秒	（d）深蹲	×7		
代谢调节训练		**代谢调节训练**		**代谢调节训练**	
150码往返跑 （以25码递增）	×6，休息 2分钟30秒	风阻自行车练习	4×30秒 休息3分钟	3~5英里跑	MHR的 75%~85%

表12.10　为期3天的计划，第3阶段

第1周					
第1天		**第2天**		**第3天**	
（1）侧向跨步跳	每侧3×4（SR）	（1）纵跳	3×5（SR）	（1）踝主导原地跳	2×10（MR）
（2a）后弓步	*每侧1×5* 每侧4×10	（2）药球铲式抛投	3×5	（2）爆发性垫步跳	每侧2×4
（2b）哑铃实力推	1×5 4×5	（3）硬拉	*2×5* 4×5	（3）40码提速跑	×6
（3a）反握引体向上	*1×5* 4×5	（4a）哑铃交替俯卧划船	*每侧1×5* 每侧4×10		
（3b）哑铃单臂/单腿罗马尼亚硬拉	每侧3×10	（4b）器械臀腿起身	4×10		
（4a）俯身侧平举	3×10	（4c）仰卧起坐	4×20		
（4b）腹肌滚动	3×10	（5a）卧推	*2×5* 4×5		
		（5b）面拉	4×15		
		（5c）站姿抗旋转	每侧4×5（ECC5）		
代谢调节训练		**代谢调节训练**		**代谢调节训练**	
划船机计时练习	3×500米 休息5分钟	15分钟定时模块	AMRAP	1英里重复跑	×3，速度为2英里/时，运动休息比为1∶1
		（a）30码推雪橇（以15码递增）			
		（b）30码哑铃农夫行走（以15码递增）			
第2周					
第1天		**第2天**		**第3天**	
（1）侧向跨步跳	每侧3×4（SR）	（1）纵跳	3×5（SR）	（1）踝主导原地跳	2×10（MR）
（2a）后弓步	*每侧1×5* 每侧4×10	（2）药球铲式抛投	3×5	（2）爆发性垫步跳	每侧2×4
（2b）哑铃实力推	*1×5* 4×5	（3）硬拉	*2×5* 4×5	（3）40码提速跑	×6
（3a）反握引体向上	*1×5* 4×5	（4a）哑铃交替俯卧划船	*每侧1×5* 每侧4×10		
（3b）哑铃单臂/单腿罗马尼亚硬拉	每侧3×10	（4b）器械臀腿起身	4×10		
（4a）俯身侧平举	3×10	（4c）仰卧起坐	4×20		
（4b）腹肌滚动	3×10	（5a）卧推	*2×5* 4×5		
		（5b）面拉	4×15		
		（5c）站姿抗旋转	每侧4×5（ECC5）		
代谢调节训练		**代谢调节训练**		**代谢调节训练**	
划船机计时练习	3×500米 休息5分钟	15分钟定时模块	AMRAP	1英里重复跑	×3，速度为2英里/时，运动休息比为1∶1
		（a）30码推雪橇（以15码递增）			
		（b）30码哑铃农夫行走（以15码递增）			

续表

第3周					
第1天		**第2天**		**第3天**	
（1）侧向跨步跳	每侧3×4（SR）	（1）纵跳	3×5（SR）	（1）踝主导原地跳	2×10（MR）
（2a）后弓步	*每侧1×5* 每侧4×8	（2）药球铲式抛投	3×5	（2）爆发性垫步跳	每侧2×4
（2b）哑铃实力推	1×5 4×3	（3）硬拉	*2×5* 4×3	（3）40码提速跑	×6
（3a）反握引体 向上	*1×5* 4×3	（4a）哑铃交替俯卧 划船	*每侧1×5* 每侧4×8		
（3b）哑铃单臂/单 腿罗马尼亚硬拉	每侧3×8	（4b）器械臀腿起身	4×10		
（4a）俯身侧平举	3×10	（4c）仰卧起坐	4×25		
（4b）腹肌滚动	3×10	（5a）卧推	*2×5* 4×3		
		（5b）面拉	4×15		
		（5c）站姿抗旋转	每侧4×10 （ECC3）		
代谢调节训练		**代谢调节训练**		**代谢调节训练**	
划船机计时练习	3×500米 休息5分钟	15分钟定时模块	AMRAP	1英里重复跑	×3，速度为2英 里/时，运动休息 比为1：1
		（a）30码推雪橇 （以15码递增）			
		（b）30码哑铃农夫行 走（以15码递增）			

第4周					
第1天		**第2天**		**第3天**	
（1）侧向跨步跳	每侧3×4（SR）	（1）纵跳	3×5（SR）	（1）踝主导原地跳	2×10（MR）
（2a）后弓步	*每侧1×5* 每侧3×8	（2）药球铲式抛投	2×5	（2）爆发性垫步跳	每侧2×4
（2b）哑铃实力推	*1×5* 4×3	（3）硬拉	*2×5* 4×3	（3）40码提速跑	×6
（3a）反握引体 向上	*1×5* 4×3	（4a）哑铃交替俯卧 划船	*每侧1×5* 每侧3×8		
（3b）哑铃单臂/单 腿罗马尼亚硬拉	每侧3×8	（4b）器械臀腿起身	3×10		
（4a）俯身侧平举	3×10	（4c）仰卧起坐	3×25		
（4b）腹肌滚动	3×10	（5a）卧推	*2×5* 4×3		
		（5b）面拉	4×15		
		（5c）站姿抗旋转	每侧4×10 （ECC3）		
代谢调节训练		**代谢调节训练**		**代谢调节训练**	
划船机计时练习	3×500米 休息5分钟	15分钟定时模块	AMRAP	1英里重复跑	×3，速度为2英 里/时，运动休息 比为1：1
		（a）30码推雪橇 （以15码递增）			
		（b）30码哑铃农夫行 走（以15码递增）			

为期3天的计划，第3阶段

表12.11　为期3天的计划，第4阶段

为期3天的计划，第4阶段

第1周					
第1天		第2天		第3天	
（1）侧向跨步跳	每侧1×4（SR） 每侧2×4（MR）	（1）纵跳	1×5（SR） 2×5（MR）	（1）踝主导原地跳	2×10（MR）
（2）哑铃四分之一蹲跳	*1×5（SR）* 2×5（SR）	（2）团身跳	2×5（MR）	（2）立定跳远	每侧2×4（SR）
（3a）引体向上	*1×5* 4×5	（3a）硬拉	*2×5* 4×5	（3）爆发性垫步跳	每侧2×4
（3b）哑铃前弓步	*每侧1×5* 每侧4×10	（3b）药球铲式抛投	4×5	（4）40码提速跑	×6
（4a）负重俯卧撑	*1×10* 4×10	（4a）哑铃俯卧划船	*1×5* 4×10		
（4b）哑铃单腿罗马尼亚硬拉	每侧3×10	（4b）臀腿起身	4×5		
（5a）面拉	3×5	（5a）卧推	*2×5* 4×5		
（5b）悬垂举腿	3×12	（5b）反握弹力带横拉	4×15		
		（5c）腹肌滚动	3×12		
代谢调节训练		**代谢调节训练**		**代谢调节训练**	
150码往返跑（以25码递增）	×5 休息1分30秒	8轮计时训练		400米重复跑	×9，速度比2英里/时快5%~15%，运动休息比为1∶1
		（a）风阻自行车练习	15千卡*		
		（b）T形俯卧撑	×10		

第2周					
第1天		第2天		第3天	
（1）侧向跨步跳	每侧1×4（SR） 每侧2×4（MR）	（1）纵跳	1×5（SR） 2×5（MR）	（1）踝主导原地跳	2×10（MR）
（2）哑铃四分之一蹲跳	*1×5（SR）* 2×5（SR）	（2）团身跳	2×5（MR）	（2）立定跳远	每侧2×4（SR）
（3a）引体向上	*1×5* 4×5	（3a）硬拉	*2×5* 4×3	（3）爆发性垫步跳	每侧2×4
（3b）哑铃前弓步	*每侧1×5* 每侧4×10	（3b）药球铲式抛投	3×5	（4）40码提速跑	×6
（4a）负重俯卧撑	*1×10* 4×10	（4a）哑铃俯卧划船	*1×5* 4×8		
（4b）哑铃单腿罗马尼亚硬拉	每侧3×10	（4b）臀腿起身	4×5		
（5a）面拉	3×15	（5a）卧推	*2×5* 4×3		
（5b）悬垂举腿	3×12	（5b）反握弹力带横拉	4×15		
		（5c）腹肌滚动	3×12		
代谢调节训练		**代谢调节训练**		**代谢调节训练**	
150码往返跑（以25码递增）	×5 休息1分30秒	8轮计时训练		400米重复跑	×9，速度比2英里/时快5%~15%，运动休息比为1∶1
		（a）风阻自行车练习	15千卡		
		（b）T形俯卧撑	×10		

*1千卡约为4.19千焦。

续表

为期3天的计划，第4阶段

第3周					
第1天		第2天		第3天	
（1）侧向跨步跳	每侧1×4（SR） 每侧2×4（MR）	（1）纵跳	1×5（SR） 2×5（MR）	（1）踝主导原地跳	2×10（MR）
（2）哑铃四分之一蹲跳	1×5（SR） 2×5（SR）	（2）团身跳	2×5（MR）	（2）立定跳远	每侧2×4（SR）
（3a）引体向上	1×5 4×3, 2, 2, 2	（3a）硬拉	2×5 4×3	（3）爆发性垫步跳	每侧2×4
（3b）哑铃前弓步	每侧1×5 每侧4×8	（3b）药球铲式抛掷	3×5	（4）40码提速跑	×6
（4a）负重俯卧撑	1×10 4×8	（4a）哑铃俯卧划船	1×5 4×8		
（4b）哑铃单腿罗马尼亚硬拉	每侧3×8	（4b）臀腿起身	4×6		
（5a）面拉	3×5	（5a）卧推	2×5 4×3, 2, 1, 1		
（5b）悬垂举腿	3×15	（5b）反握弹力带横拉	4×15		
		（5c）腹肌滚动	3×15		
代谢调节训练		代谢调节训练		代谢调节训练	
150码往返跑（以25码递增）	×5 休息1分30秒	划船机计时练习	3×500米，运动休息比为1:3	3~5英里跑	MHR的75%~85%

第4周					
第1天		第2天		第3天	
（1）侧向跨步跳	每侧1×4（SR） 每侧2×4（MR）	（1）纵跳	1×5（SR） 2×5（MR）	（1）踝主导原地跳	2×10（MR）
（2）哑铃四分之一蹲跳	1×5（SR） 2×5（SR）	（2）团身跳	2×5（MR）	（2）立定跳远	每侧2×4（SR）
（3a）引体向上	1×5 3×3	（3a）硬拉	2×5 4×3, 2, 1, 1	（3）爆发性垫步跳	每侧2×4
（3b）哑铃前弓步	每侧1×5 每侧3×8	（3b）药球铲式抛掷	2×4	（4）40码提速跑	×6
（4a）负重俯卧撑	1×10 3×8	（4a）哑铃俯卧划船	1×5 3×8		
（4b）哑铃单腿罗马尼亚硬拉	每侧3×8	（4b）臀腿起身	3×5		
（5a）面拉	3×15	（5a）卧推	2×5 4×3		
（5b）悬垂举腿	3×15	（5b）反握弹力带横拉	4×15		
		（5c）腹肌滚动	3×15		
代谢调节训练		代谢调节训练		代谢调节训练	
150码往返跑（以25码递增）	×5 休息1分30秒	8轮计时训练		400米重复跑	×9，速度比2英里/时快5%~15%，运动休息比为1:1
		（a）风阻自行车练习	15千卡		
		（b）T形俯卧撑	×10		

为期3天的计划，第5阶段

表12.12　为期3天的计划，第5阶段

第1周					
第1天		第2天		第3天	
（1）侧向跨步跳	每侧1×4（SR）每侧2×4（MR）	（1）纵跳	1×5（SR）2×5（MR）	（1）踝主导原地跳	2×10（MR）
（2）药球铲式抛投	3×5	（2）哑铃四分之一蹲跳	*1×5（MR）*1×5（MR）	（2）爆发性垫步跳	每侧2×4
（3）硬拉	*2×5*6×5,3,1,5,3,1	（3）深蹲	*2×5*4×5	（3）跨步跳	每侧1×4（SR）每侧2×4（MR）
（4a）引体向上（负重组：负重引体向上）	*1×5*达到5RM后以5RM的80%进行2×8	（4a）反握俯身划船	*1×5*4×5	（4）40码提速跑	×6
（4b）器械臀腿起身	4×10	（4b）哑铃俯卧撑	*1×ACFT HRP重复次数的10%*4×ACFT HRP重复次数的50%*		
（5a）实力推	*2×5*达到5RM后以5RM的80%进行2×8	（5a）单腿罗马尼亚硬拉	每侧3×8		
（5b）反握弹力带横拉	4×15	（5b）面拉	3×15		
（5c）单杠提膝触肘	4×5~10	（5c）训练凳侧向卷腹	每侧3×10		
代谢调节训练		代谢调节训练		代谢调节训练	
拖拽雪橇（25码）+往返跑（25码）	×6运动休息比为1：3	15分钟定时模块	AMRAP	800米重复跑	×5，速度比2英里/时快5%~15%，运动休息比为1：1
		（a）30码推雪橇（以15码递增）			
		（b）30码哑铃农夫行走（以15码递增）			

续表

第2周					
第1天		第2天		第3天	
（1）侧向跨步跳	每侧1×4（SR） 每侧2×4（MR）	（1）纵跳	1×5（SR） 2×5（MR）	（1）踝主导原地跳	2×10（MR）
（2）药球铲式抛投	3×5	（2）哑铃四分之一蹲跳	*1×5（MR）* 1×5（MR）	（2）爆发性垫步跳	每侧2×4
（3）硬拉	*2×5* *6×5,3,1,5,3,1*	（3）深蹲	*2×5* 4×5	（3）跨步跳	每侧1×4（SR） 每侧2×4（MR）
（4a）引体向上（负重组：负重引体向上）	*1×5* *达到5RM后以5RM的80%进行2×8*	（4a）反握俯身划船	*1×5* 4×5	（4）40码提速跑	×6
（4b）器械臀腿起身	4×10	（4b）哑铃俯卧撑	*1×ACFT* *HRP重复次数的10%* *4×ACFT* *HRP重复次数的50%*		
（5a）实力推	*2×5* *达到5RM后以5RM的80%进行2×8*	（5a）单腿罗马尼亚硬拉	每侧3×8		
（5b）反握弹力带横拉	4×15	（5b）面拉	3×15		
（5c）单杠提膝触肘	4×5~10	（5c）训练凳侧向卷腹	每侧3×10		
代谢调节训练		代谢调节训练		代谢调节训练	
拖拽雪橇（25码）+往返跑（25码）	×6 运动休息比为1∶3	15分钟定时模块	AMRAP	800米重复跑	×5，速度比2英里/时快5%~15%，运动休息比为1∶1
		（a）30码推雪橇（以15码递增）			
		（b）30码哑铃农夫行走（以15码递增）			

续表

左侧竖排文字：为期3天的计划，第5阶段

第3周					
第1天		第2天		第3天	
（1）侧向跨步跳	每侧1×4（SR）每侧2×4（MR）	（1）纵跳	1×5（SR）2×5（MR）	（1）踝主导原地跳	2×10（MR）
（2）药球铲式抛投	3×5	（2）哑铃四分之一蹲跳	*1×5（MR）*1×5（MR）	（2）爆发性垫步跳	每侧2×4
（3）硬拉	*2×5*训练至3RM	（3）深蹲	*2×5*4×5	（3）跨步跳	每侧1×4（SR）每侧2×4（MR）
（4a）引体向上（负重组：负重引体向上）	*1×5*达到3RM后以3RM的80%进行2×6	（4a）反握俯身划船	*1×5*4×4	（4）40码提速跑	×6
（4b）器械臀腿起身	4×10	（4b）哑铃俯卧撑	*1×ACFT HRP重复次数的10%*4×ACFT HRP重复次数的60%		
（5a）实力推	*2×5*达到3RM后以3RM的80%进行2×6	（5a）单腿罗马尼亚硬拉	每侧3×8		
（5b）反握弹力带横拉	4×15	（5b）面拉	3×15		
（5c）单杠提膝触肘	4×5~10	（5c）训练凳侧向卷腹	每侧3×15		
代谢调节训练		代谢调节训练		代谢调节训练	
拖拽雪橇（25码）+往返跑（25码）	×6 运动休息比为1：3	**15分钟定时模块**	AMRAP	3~5英里跑	MHR的75%~85%
		（a）30码推雪橇（以15码递增）			
		（b）30码哑铃农夫行走（以15码递增）			

续表

为期 3 天的计划，第 5 阶段

第 4 周					
第 1 天		第 2 天		第 3 天	
（1）侧向跨步跳	每侧 1×4（SR） 每侧 2×4（MR）	（1）纵跳	1×5（SR） 2×5（MR）	（1）踝主导原地跳	2×10（MR）
（2）药球铲式抛投	3×5	（2）哑铃四分之一蹲跳	1×5（MR） 1×5（MR）	（2）爆发性垫步跳	每侧 2×4
（3）硬拉	2×5 3×3	（3）深蹲	2×5 3×5	（3）跨步跳	每侧 1×4（SR） 每侧 2×4（MR）
（4a）引体向上（负重组：负重引体向上）	2×5 3×3	（4a）反握俯身划船	1×5 3×5	（4）40 码提速跑	×6
（4b）器械臀腿起身	3×10	（4b）哑铃俯卧撑	1×ACFT HRP 重复次数的 10% 3×ACFT HRP 重复次数的 60%		
（5a）实力推	2×5 3×3	（5a）单腿罗马尼亚硬拉	每侧 3×8		
（5b）反握弹力带横拉	4×15	（5b）面拉	3×15		
（5c）单杠提膝触肘	4×5~10	（5c）训练凳侧向卷腹	每侧 3×15		
代谢调节训练		代谢调节训练		代谢调节训练	
拖拽雪橇（25码）+往返跑（25码）	×6 运动休息比为 1:3	15 分钟定时模块	AMRAP	1 英里计时跑	休息 10 分钟
		（a）30 码推雪橇（以 15 码递增）		800 米重复跑	×5，速度比 2 英里/时快 5%~15%，运动休息比为 1:1
		（b）30 码哑铃农夫行走（以 15 码递增）			

表12.13 为期3天的计划，第6阶段

第1周					
第1天		第2天		第3天	
（1）侧向跨步跳	每侧1×4（SR） 每侧2×4（MR）	（1）踝主导原地跳	2×10（MR）	（1）踝主导原地跳	1×10（MR）
（2）50码往返跑	×6	（2）爆发性垫步跳	每侧2×4	（2）纵跳	1×5（SR）
（3）药球铲式抛投	3×5	（3）跨步跳	每侧1×4（SR） 每侧2×4（MR）	（3）爆发性垫步跳	每侧2×4
（4a）反握引体向上	2×5 4×8, 8, 6, 6 1×AMRAP （>5次）	（4）40码提速跑	×6	（4）ACFT练习	之前ACFT成绩的90%
（4b）哑铃保加利亚分腿蹲	每侧1×5 每侧4×10				
（5a）上斜卧推	2×5 4×8, 8, 6, 6				
（5b）罗马尼亚硬拉	1×5 3×5 1×10				
（6a）单杠提膝触肘	4×5~20				
（6b）面拉	4×15				
代谢调节训练		代谢调节训练		代谢调节训练	
8轮计时训练		400米重复跑	×9，与1英里跑比，速度提5%~15%，运动休息比为1：1	无	
（a）风阻自行车练习	15千卡				
（b）T形俯卧撑	×10				

续表

第2周					
第1天		第2天		第3天	
（1）侧向跨步跳	每侧1×4（SR） 每侧2×4（MR）	（1）踝主导 原地跳	2×10（MR）	（1）踝主导 原地跳	1×10（MR）
（2）50码往返跑	×6	（2）爆发性垫 步跳	每侧2×4	（2）纵跳	1×5（SR）
（3）药球铲式抛投	3×5	（3）跨步跳	每侧1×4（SR） 每侧2×4（MR）	（3）爆发性垫 步跳	每侧2×4
（4a）反握引体向上	2×5 4×8, 8, 6, 6 1×AMRAP （>5次）	（4）40码 提速跑	×6	（4）ACFT练习	之前ACFT成 绩的90%
（4b）哑铃保加利亚 分腿蹲	每侧1×5 每侧4×10				
（5a）上斜卧推	2×5 4×8, 8, 6, 6				
（5b）罗马尼亚硬拉	1×5 3×5 1×10				
（6a）单杠提膝触肘	4×5~20				
（6b）面拉	4×15				
代谢调节训练		代谢调节训练		代谢调节训练	
8轮计时训练		400米重复跑	×9，与1英里跑比， 速度提5%~15%，运 动休息比为1∶1	无	
（a）风阻自行车 练习	15千卡				
（b）T形俯卧撑	×10				

为期3天的计划，第6阶段

续表

为期3天的计划，第6阶段

第3周					
第1天		第2天		第3天	
（1）侧向跨步跳	每侧1×4（SR） 每侧2×4（MR）	（1）踝主导原地跳	2×10（MR）	（1）踝主导原地跳	1×10（MR）
（2）50码往返跑	×6	（2）爆发性垫步跳	每侧2×4	（2）纵跳	1×5（SR）
（3）药球铲式抛投	3×5	（3）跨步跳	每侧1×4（SR） 每侧2×4（MR）	（3）爆发性垫步跳	每侧2×4
（4a）反握引体向上	*2×5* 3×5	（4）40码提速跑	×6	（4）ACFT练习	全力以赴练习
（4b）哑铃保加利亚分腿蹲	*每侧1×5* 每侧3×10				
（5a）上斜卧推	*2×5* 3×5				
（5b）罗马尼亚硬拉	*1×5* 3×5				
（6a）单杠提膝触肘	4×5~20				
（6b）面拉	4×15				
代谢调节训练		代谢调节训练		代谢调节训练	
8轮计时训练		400米重复跑	×9，与1英里跑比，速度提5%~15%，运动休息比为1∶1	无	
（a）风阻自行车练习	15千卡				
（b）T形俯卧撑	×10				

续表

第 4 周					
第 1 天		**第 2 天**		**第 3 天**	
（1）侧向跨步跳	每侧 1×4（SR） 每侧 1×4（MR）	（1）踝主导原地跳	2×10（MR）	（1）踝主导原地跳	1×10（MR）
（2）50 码往返跑	×4	（2）爆发性垫步跳	每侧 2×4	（2）纵跳	1×5（SR）
（3）药球铲式抛投	3×5			（3）爆发性垫步跳	每侧 2×4
（4a）反握引体向上	2×5 3×5			（4）ACFT 练习	上周 ACFT 成绩的 80%
（4b）哑铃保加利亚分腿蹲	每侧 1×5 每侧 3×6				
（5a）上斜卧推	2×5 3×5				
（5b）罗马尼亚硬拉	1×5 3×5				
（6a）单杠提膝触肘	2×5~20				
（6b）面拉	2×15				
代谢调节训练		**代谢调节训练**		**代谢调节训练**	
6 轮计时训练		3~5 英里走	无负重	无	
（a）风阻自行车练习	15 千卡				
（b）T 形俯卧撑	×10				

表 12.14 为期 4 天的计划，第 1 阶段

第1周						
第1天		第2天		第3天		第4天
（1）纵跳	2×5（SR）	（1）踝主导原地跳	2×10（MR）	（1）纵跳	2×5（SR）	
（2a）哑铃弓步走	*每侧1×8* 每侧3×12	（2）爆发性垫步跳	每侧2×4	（2a）硬拉	2×5	
（2b）实力推	*2×5* 3×10	（3）40码提速跑	×4	（2b）俯卧撑	2×10	
（2c）腹肌滚动	3×12			（3）EMOM循环	15分钟	
（3a）引体向上	*2×5* 3×10			（a）硬拉	×2 ACFT MDL负重的74%	
（3b）瑞士球腿弯举	3×12			（b）俯卧撑	ACFT HRP重复次数的15%	
（3c）平板支撑	3×30秒			（4a）反向划船	3×12	
				（4b）反向卷腹	3×12	
				（5a）面拉	3×12	
				（5b）站姿侧屈	每侧3×12	
代谢调节训练		**代谢调节训练**		**代谢调节训练**		**代谢调节训练**
100码往返跑（以25码递增）	×6 休息2分30秒	3~5英里跑	MHR的70%~80%	无		5~6英里越野跑 ‖ MHR的70%~80%

第2周						
第1天		第2天		第3天		第4天
（1）纵跳	2×5（SR）	（1）踝主导原地跳	2×10（MR）	（1）纵跳	2×5（SR）	
（2a）哑铃弓步走	*每侧1×8* 每侧3×12	（2）爆发性垫步跳	每侧2×4	（2a）硬拉	2×5	
（2b）实力推	*2×5* 3×10	（3）40码提速跑	×4	（2b）俯卧撑	2×10	
（2c）腹肌滚动	3×12			（3）EMOM循环	20分钟	
（3a）引体向上	*2×5* 3×10			（a）硬拉	×2 ACFT MDL负重的74%	
（3b）瑞士球腿弯举	3×12			（b）俯卧撑	ACFT HRP重复次数的15%	
（3c）平板支撑	3×30秒			（4a）反向划船	3×12	
				（4b）反向卷腹	3×12	
				（5a）面拉	3×12	
				（5b）站姿侧屈	每侧3×12	
代谢调节训练		**代谢调节训练**		**代谢调节训练**		**代谢调节训练**
100码往返跑（以25码递增）	×6 休息2分30秒	3~5英里跑	MHR的70%~80%	无		5~6英里越野跑 ‖ MHR的70%~80%

续表

为期 4 天的计划，第 1 阶段

第3周

第1天		第2天		第3天	
（1）纵跳	2×5（SR） 1×5（MR）	（1）踝主导原 地跳	2×10（MR）	（1）纵跳	2×5（SR）
（2a）哑铃弓步走	每侧1×8 每侧4×12	（2）爆发性垫 步跳	每侧2×4	（2a）硬拉	2×5
（2b）实力推	2×5 4×10	（3）40码 提速跑	×4	（2b）俯卧撑	2×10
（2c）腹肌滚动	4×12			（3）EMOM 循环	25分钟
（3a）引体向上	2×5 4×10			（a）硬拉	×2 ACFT MDL 负重的74%
（3b）瑞士球腿 弯举	4×12			（b）俯卧撑	ACFT HRP 重复次数的 15%
（3c）平板支撑	4×30秒			（4a）反向 划船	4×12
				（4b）反向 卷腹	4×15
				（5a）面拉	4×12
				（5b）站姿侧屈	每侧4×12

代谢调节训练		代谢调节训练		代谢调节训练		代谢调节训练	
100码往返跑 （以25码递增）	×6 休息2分30秒	3~5英里跑	MHR的 70%~80%	无		5~6英里 越野跑	MHR的 70%~80%

第4周

第1天		第2天		第3天		第4天
（1）纵跳	2×5（SR） 1×5（MR）	（1）踝主导原 地跳	2×10（MR）	（1）纵跳	2×5（SR）	
（2a）哑铃弓步走	每侧1×8 每侧3×12	（2）爆发性垫 步跳	每侧2×4	（2a）硬拉	2×5	
（2b）实力推	2×5 3×10	（3）40码 提速跑	×4	（2b）俯卧撑	2×10	
（2c）腹肌滚动	3×12			（3）EMOM 循环	25分钟	
（3a）引体向上	2×5 3×10			（a）硬拉	×2 ACFT MDL 负重的74%	
（3b）瑞士球腿 弯举	3×12			（b）俯卧撑	ACFT HRP 重复次数的 15%	
（3c）平板支撑	3×30秒			（4a）反向 划船	3×12	
				（4b）反向 卷腹	3×12	
				（5a）面拉	3×12	
				（5b）站姿侧屈	每侧3×12	

代谢调节训练		代谢调节训练		代谢调节训练		代谢调节训练	
100码往返跑 （以25码递增）	×6 休息2分30秒	3~5英里跑	MHR的 70%~80%	无		5~6英里 越野跑	MHR的 70%~80%

为期4天的计划，第2阶段

表12.15 为期4天的计划，第2阶段

第1周							
第1天		**第2天**		**第3天**		**第4天**	
（1）纵跳	1×5（SR）2×5（MR）	（1a）反握引体向上	*2×5* 4×8	（1）踝主导原地跳	2×10（MR）	（1a）手臂死虫式	每侧2×5
（2）药球砸式抛投	3×5	（1b）实力推	*2×5* 4×8	（2）爆发性垫步跳	每侧2×4	（1b）下肢死虫式	每侧2×5
（3）硬拉	*2×5* 4×5	（2a）哑铃俯身划船	*1×5* 3×15	（3）40码提速跑	×6	（2）纵跳	2×5（SR）1×5（MR）
（4a）哑铃前弓步	*每侧1×10* 每侧3×15	（2b）哑铃单臂上斜卧推	*每侧1×5* 每侧3×15			（3a）罗马尼亚硬拉	*2×5* 4×5（ECC3）
（4b）仰卧转体	每侧3×8	（3a）哑铃肱二头肌弯举	3×15			（3b）面拉	4×15
（5a）瑞士球腿弯举	3×15	（3b）弹力带横拉	3×15			（4）EMOM循环	20分钟
（5b）腹肌滚动	3×15	（3c）负重平板支撑	3×30秒			（a）引体向上	×2
（5c）肱三头肌下压	3×12~15					（b）俯卧撑	×4
						（c）仰卧起坐	×4
						（d）深蹲	×4
代谢调节训练		**代谢调节训练**		**代谢调节训练**		**代谢调节训练**	
150码往返跑（以25码递增）	×6 休息2分30秒	无		3~5英里跑	MHR的75%~85%	风阻自行车练习	4×30秒 休息4分钟

第2周							
第1天		**第2天**		**第3天**		**第4天**	
（1）纵跳	1×5（SR）2×5（MR）	（1a）反握引体向上	*2×5* 4×8	（1）踝主导原地跳	2×10（MR）	（1a）手臂死虫式	每侧2×6
（2）药球砸式抛投	3×5	（1b）实力推	*2×5* 4×8	（2）爆发性垫步跳	每侧2×4	（1b）下肢死虫式	每侧2×6
（3）硬拉	*2×5* 5×5	（2a）哑铃俯身划船	*1×5* 3×15	（3）40码提速跑	×6	（2）纵跳	1×5（SR）2×5（MR）
（4a）哑铃前弓步	*每侧1×10* 每侧3×15	（2b）哑铃单臂上斜卧推	*每侧1×5* 每侧3×15			（3a）罗马尼亚硬拉	*2×5* 4×5（ECC3）
（4b）仰卧转体	每侧3×8	（3a）哑铃肱二头肌弯举	3×15			（3b）面拉	4×15
（5a）瑞士球腿弯举	3×15	（3b）弹力带横拉	3×15			（4）EMOM循环	20分钟
（5b）腹肌滚动	3×15	（3c）负重平板支撑	3×30秒			（a）引体向上	×2
（5c）肱三头肌下压	3×12~15					（b）俯卧撑	×4
						（c）仰卧起坐	×4
						（d）深蹲	×4
代谢调节训练		**代谢调节训练**		**代谢调节训练**		**代谢调节训练**	
150码往返跑（以25码递增）	×6 休息2分30秒	无		5~6英里越野跑	MHR的75%~85%	风阻自行车练习	4×30秒 休息4分钟

续表

第3周							
第1天		第2天		第3天		第4天	
（1）纵跳	1×5（SR） 2×5（MR）	（1a）反握引体 向上	*2×5* 4×8	（1）踝主导原 地跳	2×10 （MR）	（1a）手臂死 虫式	每侧2×8
（2）药球铲式 抛投	3×5	（1b）实力推	*2×5* 4×8	（2）爆发性垫 步跳	每侧2×4	（1b）下肢死 虫式	每侧2×8
（3）硬拉	*2×5* 5×5	（2a）哑铃俯身 划船	*1×5* 3×15	（3）40码 提速跑	×6	（2）纵跳	1×5（SR） 2×5（MR）
（4a）哑铃 前弓步	*每侧1×10* 每侧3×15	（2b）哑铃单臂 上斜卧推	*每侧1×5* 每侧3×15			（3a）罗马尼亚 硬拉	*2×5* 4×5（ECC3）
（4b）仰卧 转体	每侧4×8	（3a）哑铃肱二 头肌弯举	3×15			（3b）面拉	4×15
（5a）瑞士 球腿弯举	3×15	（3b）弹力带 横拉	3×15			（4）EMOM 循环	20分钟
（5b）腹肌 滚动	3×15	（3c）负重平板 支撑	3×30秒			（a）引体向上	×3
（5c）肱三头 肌下压	3×12~15					（b）俯卧撑	×5
						（c）仰卧起坐	×5
						（d）深蹲	×7
代谢调节训练		**代谢调节训练**		**代谢调节训练**		**代谢调节训练**	
150码往返 跑（以25码 递增）	×6 休息2分 30秒	无		3~5英里跑	MHR的 75%~85%	风阻自行车练习	4×30秒 休息3分钟

第4周							
第1天		第2天		第3天		第4天	
（1）纵跳	1×5（SR） 2×5（MR）	（1a）反握引体 向上	*2×5* 3×8	（1）踝主导原 地跳	2×10 （MR）	（1a）手臂死 虫式	每侧2×8
（2）药球铲式 抛投	3×5	（1b）实力推	*2×5* 3×8	（2）爆发性垫 步跳	每侧2×4	（1b）下肢死 虫式	每侧2×8
（3）硬拉	*2×5* 4×5	（2a）哑铃俯身 划船	*1×5* 3×15	（3）40码 提速跑	×6	（2）纵跳	1×5（SR） 2×5（MR）
（4a）哑铃 前弓步	*每侧1×10* 每侧3×15	（2b）哑铃单臂 上斜卧推	*每侧1×5* 每侧3×15			（3a）罗马尼亚 硬拉	*2×5* 3×8
（4b）仰卧 转体	每侧4×8	（3a）哑铃肱二 头肌弯举	3×15			（3b）面拉	4×15
（5a）瑞士 球腿弯举	3×15	（3b）弹力带 横拉	3×15			（4）EMOM 循环	20分钟
（5b）腹肌 滚动	3×15	（3c）负重平板 支撑	3×30秒			（a）引体向上	×3
（5c）肱三头 肌下压	3×12~15					（b）俯卧撑	×5
						（c）仰卧起坐	×5
						（d）深蹲	×7
代谢调节训练		**代谢调节训练**		**代谢调节训练**		**代谢调节训练**	
150码往返 跑（以25码 递增）	×6 休息2分 30秒	无		5~6英里越野跑	MHR的 75%~85%	风阻自行车练习	4×30秒 休息3分钟

为期4天的计划，第2阶段

表12.16　为期4天的计划，第3阶段

第1周							
第1天		**第2天**		**第3天**		**第4天**	
（1）侧向跨步跳	每侧3×4（SR）	（1）踝主导原地跳	2×10（MR）	（1）纵跳	3×5（SR）	（1a）死虫式	每侧2×8
（2）深蹲	2×5 4×5	（2）爆发性垫步跳	每侧2×4	（2）药球铲式抛投	3×5	（2a）跳远	3×3（SR）
（3a）俯身划船	1×5 4×5	（3）40码提速跑	×6	（3）硬拉	2×5 4×5	（2b）反握引体向上	1×5 4×5
（3b）哑铃上斜卧推	1×5 4×10			（4a）哑铃交替俯卧划船	每侧1×5 每侧4×10	（3a）实力推	2×5 4×5
（4a）哑铃单臂/单腿罗马尼亚硬拉	每侧3×10			（4b）器械臀腿起身	4×10	（3b）哑铃反向弓步	每侧1×5 每侧4×10
（4b）哑铃侧平举	3×10			（4c）仰卧起坐	4×20	（4a）罗马尼亚硬拉	1×5 4×5（ISO3）
（4c）腹肌滚动	3×10			（5a）卧推	2×5 4×5	（4b）弹力带横拉	4×15
				（5b）面拉	4×15	（4c）手臂搅旋	每侧4×3 4秒转1圈
				（5c）站姿抗旋转	每侧4×5（ECC5）		
代谢调节训练		**代谢调节训练**		**代谢调节训练**		**代谢调节训练**	
划船机计时练习	3×500米 休息5分钟	1英里重复跑	×3，速度为2英里/时 运动休息比为1：1	**15分钟定时模块**	AMRAP	风阻自行车练习	4×30秒 休息3分钟
				（a）30码推雪橇（以15码递增）			
				（b）30码哑铃农夫行走（以15码递增）			

续表

第2周							
第1天		第2天		第3天		第4天	
（1）侧向跨步跳	每侧3×4（SR）	（1）踝主导原地跳	2×10（MR）	（1）纵跳	3×5（SR）	（1a）死虫式	每侧2×8
（2）深蹲	2×5 4×5	（2）爆发性垫步跳	每侧2×4	（2）药球铲式抛投	3×5	（2a）跳远	3×3（SR）
（3a）俯身划船	1×5 4×5	（3）40码提速跑	×6	（3）硬拉	2×5 4×5	（2b）反握引体向上	1×5 4×5
（3b）哑铃上斜卧推	1×5 4×10			（4a）哑铃交替俯卧划船	每侧1×5 每侧4×10	（3a）实力推	2×5 4×5
（4a）哑铃单臂/单腿罗马尼亚硬拉	每侧3×10			（4b）器械臀腿起身	4×10	（3b）哑铃反向弓步	每侧1×5 每侧4×10
（4b）哑铃侧平举	3×10			（4c）仰卧起坐	4×20	（4a）罗马尼亚硬拉	1×5 4×5（ISO3）
（4c）腹肌滚动	3×10			（5a）卧推	2×5 4×5	（4b）弹力带横拉	4×15
				（5b）面拉	4×15	（4c）手臂搅旋	每侧4×5 4秒转1圈
				（5c）站姿抗旋转	每侧4×5（ECC5）		
代谢调节训练		**代谢调节训练**		**代谢调节训练**		**代谢调节训练**	
划船机计时练习	3×500米 休息5分钟	1英里重复跑	×3，速度为2英里/时 运动休息比为1：1	15分钟定时模块	AMRAP	风阻自行车练习	5×30秒 休息3分钟
				（a）30码推雪橇（以15码递增）			
				（b）30码哑铃农夫行走（以15码递增）			

续表

左侧竖排文字：**为期4天的计划，第3阶段**

第3周							
第1天		第2天		第3天		第4天	
（1）侧向跨步跳	每侧3×4（SR）	（1）踝主导原地跳	2×10（MR）	（1）纵跳	3×5（SR）	（1a）死虫式	每侧3×8
（2）深蹲	*2×5* 4×3	（2）爆发性垫步跳	每侧2×4	（2）药球铲式抛投	3×5	（2a）跳远	3×3（SR）
（3a）俯身划船	*1×5* 4×4	（3）40码提速跑	×6	（3）硬拉	*2×5* 4×3	（2b）反握引体向上	*1×5* 4×3
（3b）哑铃上斜卧推	*1×5* 4×8			（4a）哑铃交替俯卧划船	*每侧1×5* 每侧4×8	（3a）实力推	*2×5* 4×3
（4a）哑铃单臂/单腿罗马尼亚硬拉	每侧3×8			（4b）器械臀腿起身	4×10	（3b）哑铃反向弓步	*每侧1×5* 每侧4×8
（4b）哑铃侧平举	3×10			（4c）仰卧起坐	4×25	（4a）罗马尼亚硬拉	*1×5* 4×5（ISO3）
（4c）腹肌滚动	3×10			（5a）卧推	*2×5* 4×3	（4b）弹力带横拉	4×15
				（5b）面拉	4×15	（4c）手臂搅旋	每侧4×5 4秒转1圈
				（5c）站姿抗旋转	每侧4×5（ECC3）		
代谢调节训练		**代谢调节训练**		**代谢调节训练**		**代谢调节训练**	
划船机计时练习	3×500米 休息5分钟	1英里重复跑	×3，速度为2英里/时 运动休息比为1：1	**15分钟定时模块**	AMRAP	风阻自行车练习	5×30秒 休息3分钟
				（a）30码推雪橇（以15码递增）			
				（b）30码哑铃农夫行走（以15码递增）			

续表

为期 4 天的计划，第 3 阶段

第4周							
第1天		第2天		第3天		第4天	
（1）侧向跨步跳	每侧3×4（SR）	（1）踝主导原地跳	2×10（MR）	（1）纵跳	3×5（SR）	（1a）死虫式	每侧3×8
（2）深蹲	2×5 4×3	（2）爆发性垫步跳	每侧2×4	（2）药球铲式抛投	2×5	（2a）跳远	3×3（SR）
（3a）俯身划船	1×5 3×4	（3）40码提返跑	×6	（3）硬拉	2×5 4×3	（2b）反握引体向上	1×5 4×3
（3b）哑铃上斜卧推	1×5 4×8			（4a）哑铃交替俯卧划船	每侧1×5 每侧3×8	（3a）实力推	2×5 4×3
（4a）哑铃单臂/单腿罗马尼亚硬拉	每侧3×8			（4b）器械臀腿起身	3×10	（3b）哑铃反向弓步	每侧1×5 每侧3×8
（4b）哑铃侧平举	3×10			（4c）仰卧起坐	3×25	（4a）罗马尼亚硬拉	1×5 3×5
（4c）腹肌滚动	3×10			（5a）卧推	2×5 3×3	（4b）弹力带横拉	3×15
				（5b）面拉	3×15	（4c）手臂搅旋	每侧4×5 4秒转1圈
				（5c）站姿抗旋转	每侧4×10（ECC5）		
代谢调节训练		代谢调节训练		代谢调节训练		代谢调节训练	
划船机计时练习	3×500米 休息5分钟	1英里重复跑	×3，速度为2英里/时 运动休息比为1:1	15分钟定时模块	AMRAP	风阻自行车练习	5×30秒 休息3分钟
				（a）30码推雪橇（以15码递增）			
				（b）30码哑铃农夫行走（以15码递增）			

为期4天的计划，第4阶段

表12.17　为期4天的计划，第4阶段

第1周							
第1天		第2天		第3天		第4天	
（1）侧向跨步跳	每侧1×4（SR） 每侧2×4（MR）	（1）踝主导原地跳	2×10（MR）	（1）纵跳	1×5（SR） 2×5（MR）	（1）跳远	1×3（SR） 2×3（MR）
（2）哑铃四分之一蹲跳	1×5（SR） 2×5（SR）	（2）跨步跳	每侧2×4（SR）	（2）团身跳	2×5（MR）	（2）悬垂低位发力拉	1×5 2×5
（3）深蹲	2×5 4×5	（3）爆发性垫步跳	每侧2×4	（3a）硬拉	2×5 4×5	（3）引体向上	1×5 4×5
（4a）反握俯身划船	1×5 4×5	（4）40码提速跑	×6	（3b）药球铲式抛投	4×5	（4a）实力推	2×5 4×5
（4b）负重俯卧撑	1×10 4×10			（4a）哑铃俯卧划船	1×5 4×10	（4b）哑铃前弓步	每侧1×5 每侧4×10
（5a）哑铃单腿罗马尼亚硬拉	每侧3×10			（4b）臀腿起身	4×5	（5a）罗马尼亚硬拉	1×5 4×5
（5b）面拉	3×15			（5a）卧推	2×5 4×5	（5b）俯身侧平举	3×10
（5c）悬垂举腿	3×12			（5b）反握弹力带横拉	4×15	（5c）离心龙旗	3×10
				（5c）腹肌滚动	3×12		
代谢调节训练		代谢调节训练		代谢调节训练		代谢调节训练	
150码往返跑（以25码递增）	×5 休息1分30秒	400米重复跑	×9 速度比2英里/时快5%~15% 运动休息比为	划船机计时练习	3×500米 运动休息比为1：3	8轮计时训练	
						（a）风阻自行车练习	15千卡
						（b）抬手俯卧撑	×10

续表

第2周							
第1天		第2天		第3天		第4天	
（1）侧向跨步跳	每侧1×4（SR）每侧2×4（MR）	（1）跟主导原地跳	2×10（MR）	（1）纵跳	1×5（SR）2×5（MR）	（1）跳远	1×3（SR）2×3（MR）
（2）哑铃四分之一蹲跳	1×5（SR）2×5（SR）	（2）跨步跳	每侧2×4（SR）	（2）团身跳	2×5（MR）	（2）悬垂低位发力拉	1×5 3×5
（3）深蹲	2×5 4×3	（3）爆发性垫步跳	每侧2×4	（3a）硬拉	2×5 4×3	（3）引体向上	1×5 4×3
（4a）反握俯身划船	1×5 4×5	（4）40码提速跑	×6	（3b）药球铲式抛投	3×5	（4a）实力推	2×5 4×3
（4b）负重俯卧撑	1×10 4×8			（4a）哑铃俯卧划船	1×5 4×8	（4b）哑铃前弓步	每侧1×5 每侧4×8
（5a）哑铃单腿罗马尼亚硬拉	每侧3×8			（4b）臀腿起身	4×5	（5a）罗马尼亚硬拉	1×5 4×5
（5b）面拉	3×15			（5a）卧推	2×5 4×3	（5b）俯身侧平举	3×10
（5c）悬垂举腿	3×15			（5b）反握弹力带横拉	4×15	（5c）离心龙旗	3×10
				（5c）腹肌滚动	3×12		
代谢调节训练		代谢调节训练		代谢调节训练		代谢调节训练	
150码往返跑（以25码递增）	×5 休息 1分30秒	400米重复跑	×9 速度比2英里/时快5%~15% 运动休息比为	划船机计时练习	3×500米 运动休息比为 1∶3	8轮计时训练	
						（a）风阻自行车练习	15千卡
						（b）抬手俯卧撑	×10

续表

为期4天的计划，第4阶段

第3周							
第1天		第2天		第3天		第4天	
（1）侧向跨步跳	每侧1×4（SR）每侧2×4（MR）	（1）踝主导原地跳	2×10（MR）	（1）纵跳	1×5（SR）2×5（MR）	（1）跳远	1×3（SR）2×3（MR）
（2）哑铃四分之一蹲跳	1×5（SR）2×5（SR）	（2）跨步跳	每侧2×4（SR）	（2）团身跳	2×5（MR）	（2）悬垂低位发力拉	1×5 3×5
（3）深蹲	2×5 4×3, 2, 1, 1	（3）爆发性垫步跳	每侧2×4	（3a）硬拉	2×5 4×3	（3）引体向上	1×5 4×3, 2, 2, 2
（4a）反握俯身划船	1×5 4×4	（4）40码提速跑	×6	（3b）药球铲式抛投	3×5	（4a）实力推	2×5 4×3, 2, 2, 2
（4b）负重俯卧撑	1×10 4×8			（4a）哑铃俯卧划船	1×5 4×8	（4b）哑铃前弓步	每侧1×5 每侧4×8
（5a）哑铃单腿罗马尼亚硬拉	每侧3×8			（4b）臀腿起身	4×6	（5a）罗马尼亚硬拉	1×5 4×5
（5b）面拉	3×15			（5a）卧推	2×5 4×3, 2, 1, 1	（5b）俯身侧平举	3×10
（5c）悬垂举腿	3×15			（5b）反握弹力带横拉	4×15	（5c）离心龙旗	3×10
				（5c）腹肌滚动	3×15		
代谢调节训练		代谢调节训练		代谢调节训练		代谢调节训练	
150码往返跑（以25码递增）	×5 休息1分30秒	3~5英里跑	MHR的75%~85%	划船机计时练习	3×500米运动休息比为1:3	8轮计时训练	
						（a）风阻自行车练习	15千卡
						（b）抬手俯卧撑	×10

续表

第4周							
第1天		第2天		第3天		第4天	
（1）侧向跨步跳	每侧1×4（SR） 每侧2×4（MR）	（1）髋主导原地跳	2×10（MR）	（1）纵跳	1×5（SR） 2×5（MR）	（1）跳远	1×3（SR） 2×3（MR）
（2）哑铃四分之一蹲跳	*1×5*（SR） 2×5（SR）	（2）跨步跳	每侧2×4（SR）	（2）团身跳	2×5（MR）	（2）悬垂低位发力拉	*1×5* 3×5
（3）深蹲	*2×5* 3×3	（3）爆发性垫步跳	每侧2×4	（3a）硬拉	*2×5* 4×3, 2, 1, 1	（3）引体向上	*1×5* 3×3
（4a）反握俯身划船	*1×5* 3×4	（4）40码提速跑	×6	（3b）药球铲式抛投	2×4	（4a）实力推	*2×5* 3×3
（4b）负重俯卧撑	*1×10* 3×8			（4a）哑铃俯卧划船	*1×5* 3×8	（4b）哑铃前弓步	*每侧1×5* 每侧3×8
（5a）哑铃单腿罗马尼亚硬拉	每侧3×8			（4b）臀腿起身	3×5	（5a）罗马尼亚硬拉	*1×5* 3×5
（5b）面拉	3×15			（5a）卧推	*2×5* 3×3	（5b）俯身侧平举	3×10
（5c）悬垂举腿	3×15			（5b）反握弹力带横拉	4×15	（5c）离心龙旗	3×10
				（5c）腹肌滚动	3×15		
代谢调节训练		**代谢调节训练**		**代谢调节训练**		**代谢调节训练**	
150码往返跑（以25码递增）	×5 休息 1分30秒	400米重复跑	×9 速度比2英里/时快5%~15% 运动休息比为1∶1	划船机计时练习	3×500米 运动休息比为1∶3	8轮计时训练	
						（a）风阻自行车练习	15千卡
						（b）抬手俯卧撑	×10

表12.18 为期4天的计划，第5阶段

为期4天的计划，第5阶段

第1周

	第1天	第2天	第3天	第4天
(1)	侧向跨步跳 每侧1×4（SR） 每侧2×4（MR）	踝主号原地跳 2×10（MR）	纵跳 1×5（SR） 2×5（MR）	跳远 1×3（SR） 2×3（MR）
(2)	药球砍式抛投 3×5	爆发性垫步跳 每侧2×4	哑铃四分之一蹲跳 1×5（MR） 1×5（MR）	悬垂低位发力拉 2×5 3×5
(3)	硬拉 2×5 6×5,3,1,5,3,1	跨步跳 每侧1×4（SR） 每侧2×4（MR）	深蹲 2×5 4×5	引体向上（负重组：负重引体向上）1×5 达到5RM后以5RM的80%进行2×8
(4)		40码提速跑 ×6		
(4a)	哑铃俯卧划船 1×5 4×10		反握俯身划船 1×5 4×5	实力推 2×5 达到5RM后以5RM的80%进行2×8
(4b)	臀腿起身 4×10		哑铃俯卧撑 1×ACFT HRP 重复次数的10% 4×ACFT HRP 重复次数的50%	侧弓步 每侧1×5 每侧3×10
(5a)	卧推 2×5，训练至5RM，然后在5RM的80%下进行2×8		罗马尼亚硬拉 每侧3×8	罗马尼亚硬拉 1×5 3×10
(5b)	反握弹力带横拉 4×15		面拉 3×15	俯身侧平举 3×10
(5c)	单杠提膝触肘 4×5-10		训练凳侧向卷腹 每侧3×10	T杠转体 每侧3×6
代谢调节训练	拖拽雪橇（25码）+往返跑（25码） ×6 运动休息比为1:3	800米重复跑 ×5，速度比2英里/时快5%~15% 运动休息比为1:1	6轮计时训练	15分钟定时模块 AMRAP
			(a) 划船机练习 500米	(a) 30码推雪橇（以15码递增）
			(b) T形俯卧撑 ×10	(b) 30码哑铃农夫行走（以15码递增）

续表

为期4天的计划，第5阶段

第2周			
第1天	第2天	第3天	第4天
(1) 侧向跨步跳　每侧1×4（SR）每侧2×4（MR）	(1) 踝主导原地跳　2×10（MR）	(1) 纵跳　1×5（SR）2×5（MR）	(1) 跳远　1×3（SR）2×3（MR）
(2) 药球铲式抛投　3×5	(2) 爆发性垫步跳　每侧2×4	(2) 哑铃四分之一蹲跳　1×5（SR）1×5（MR）	(2) 悬垂低位发力拉　2×5 / 3×5
(3) 硬拉　2×5 / 6×5,3,1,5,3,1	(3) 跨步跳　每侧1×4（SR）每侧2×4（MR）	(3) 深蹲　2×5 / 4×5	(3) 引体向上（负重组·负重引体向上）　1×5　达到3RM后以3RM的80%进行2×6
(4a) 哑铃俯卧划船　1×5 / 1×10	(4) 40码提速跑　×6	(4a) 反握俯卧划船　1×5 / 4×5	(4a) 实力推　2×5　达到3RM后以3RM的80%进行2×6
(4b) 臀腿起身　4×10		(4b) 哑铃俯卧撑　1×ACFT HRP 重复次数的10% / 4×ACFT HRP 重复次数的50%	(4b) 侧弓步　每侧1×5　每侧3×10
(5a) 卧推　2×5，训练至3RM，然后在3RM的80%下进行2×6		(5a) 罗马尼亚硬拉　每侧3×8	(5a) 罗马尼亚硬拉　1×5 / 3×10
(5b) 反握弹力带横拉　4×15		(5b) 面拉　3×15	(5b) 俯身侧平举　4×10
(5c) 单杠提膝触肘　4×5~10		(5c) 训练凳侧向卷腹　每侧3×10	(5c) T杠转体　每侧3×8
代谢调节训练	代谢调节训练	代谢调节训练	代谢调节训练
拖拽雪橇（25码）+往返跑（25码）　×6　运动休息比为1:3	800米重复跑　×5，速度比2英里/时快5%~15%　运动休息比为1:1	6轮计时训练	15分钟定时模块　AMRAP
		(a) 划船机练习　500米	(a) 30码雪橇（以15码递增）
		(b) T形俯卧撑　×10	(b) 30码哑铃农夫夹行（以15码递增）

为期4天的计划，第5阶段

第3周

	第1天	第2天	第3天	第4天
(1)	侧向跨步跳　每侧1×4（SR）　每侧2×4（MR）	踝主导原地跳　2×10（MR）	纵跳　1×5（SR）　2×5（MR）	跳远　1×3（SR）　2×3（MR）
(2)	药球铲式抛投　3×5	爆发性垫步跳　每侧2×4	哑铃四分之一蹲跳　1×5（SR）　1×5（SR）	悬垂低位发力拉　2×5　3×5
(3)	硬拉　2×5，训练至3RM	跨步跳　每侧1×4（SR）　每侧2×4（MR）	深蹲　2×5　4×5	引体向上（负重组：负重引体向上）　1×5　达到3RM后以3RM的80%进行2×6
(4)/(4a)	(4a) 哑铃俯卧划船　1×5　4×10	(4) 40码提速跑　×6	(4a) 反握俯身划船　1×5　4×4	(4a) 实力推　2×5　达到3RM后以3RM的80%进行2×6
(4b)	臀腿起身　4×10		哑铃俯卧撑　1×ACFT HRP 重复次数的10%　4×ACFT HRP 重复次数的60%	侧弓步　每侧1×5　每侧3×8
(5a)	卧推　2×5，训练至1RM，然后在1RM的80%下进行2×4		单腿罗马尼亚硬拉　每侧3×8	罗马尼亚硬拉　1×5　3×8
(5b)	反握弹力带横拉　4×10		面拉　3×15	俯身侧平举　4×10
(5c)	单杠提膝触肘　4×5~15		训练凳侧向卷腹　每侧3×15	T杠转体　每侧3×10
代谢调节训练	拖拽雪橇（25码）+往返跑（25码）　×6　运动休息比为1:3	3~5英里长跑　MHR的75%~85%	6轮计时训练	15分钟定时模块　AMRAP
			(a) 划船机练习　500米	(a) 30码推雪橇（以15码递增）
			(b) T形俯卧撑　×10	(b) 30码哑铃农夫行走（以15码递增）

续表

为期4天的计划，第5阶段

第4周

动作	第1天	第2天	第3天	第4天
(1)	侧向跨步跳 每侧1×4（SR） 每侧2×4（MR）	踝主导原地跳 2×10（MR）	纵跳 1×5（SR） 2×5（MR）	跳远 1×3（SR） 2×3（MR）
(2)	药球舒尔式抛投 3×5	爆发性垫步跳 每侧2×4	哑铃四分之一蹲跳 1×5（SR） 1×5（SR）	悬垂低位发力拉 2×5 3×5
(3)	硬拉 2×5 3×3	跨步跳 每侧1×1（SR） 每侧2×4（MR）	深蹲 2×5 3×5	引体向上（负重组：负重引体向上） 1×5 3×3
(4a)	哑铃俯卧划船 1×5 3×10	40码提速跑 ×6	反握俯身划船 1×5 4×4	实力推 2×5 3×3
(4b)	臀腿起身 3×10		哑铃俯卧撑 1×ACFT HRP重复次数的10% 3×ACFT HRP重复次数的60%	侧弓步 每侧1×5 每侧3×8
(5a)	卧推 2×5 3×5		单腿罗马尼亚硬拉 每侧3×8	罗马尼亚硬拉 1×5 3×8
(5b)	反握弹力带平拉 4×10		面拉 3×15	俯身侧平举 4×10
(5c)	单杠提膝触肘 4×5~15		训练篷侧向卷腹 每侧3×15	T杠转体 每侧3×10
代谢调节训练	拖拽雪橇（25码）+往返跑（25码） ×6 运动休息比为1：3	1英里计时赛 休息10分钟 800米重复跑 ×2，速度比2英里/时快5%~15% 运动休息比为1：1	6轮计时训练 （a）划船机训练 500米 （b）T形俯卧撑 ×10	15分钟定时模块 AMRAP （a）30码推雪橇（以15码递增） （b）30码哑铃农夫行走（以15码递增）

表12.19　为期4天的计划，第6阶段

第1周

第1天

动作	组数×次数
（1）踝主导原地跳	2×10（MR）
（2）爆发性垫步跳	每侧2×4
（3）跨步跳	每侧1×4（SR） 每侧2×4（MR）
（4）40码提速跑	×6
代谢调节训练	
400米重复跑	×9 速度比1英里/时快5%~15% 运动休息比为1:1

第2天

动作	组数×次数
（1）跳远	1×3（SR） 2×3（MR）
（2）侧向跨步跳	每侧1×4（SR） 每侧2×4（MR）
（3）药球铲式地投	3×5
（4a）反握引体向上	2×5 4×8、8、6、6 1×AMRAP（>5次重复）
（4b）侧弓步	每侧1×5 每侧4×5
（5a）上斜卧推	2×5 4×8、8、6、6
（5b）瑞士球腿弯举	4×15
（6a）悬垂举腿	4×5-20
（6b）面拉	4×15
代谢调节训练	
8轮计时训练	
（a）风阻自行车练习	15千卡
（b）T形俯卧撑	×10

第3天

动作	组数×次数
（1）纵跳	1×5（SR） 2×5（MR）
（2）50码交替脚往返跑	×6
（3）悬垂低位发力拉	2×5 4×3
（4a）反向划船	1×5 4×10
（4b）平板支撑推拉	4×10
（5a）哑铃单臂实力推	每侧1×5 每侧4×10
（5b）哑铃保加利亚分腿蹲	每侧1×5 每侧4×10
（6a）罗马尼亚硬拉	1×5 3×5 1×10
（6b）反握弹力带横拉	4×15
代谢调节训练	无

第4天

动作	组数×次数
（1）踝主导原地跳	1×10（MR）
（2）纵跳	1×5（SR）
（3）爆发性垫步跳	每侧2×4
（4）ACFT练习	之前ACFT成绩的90%
代谢调节训练	无

续表

为期4天的计划，第6阶段

第2周							
第1天		第2天		第3天		第4天	
(1) 踝主导原地跳	2×10 (MR)	(1) 跳远	1×3 (SR) 2×3 (MR)	(1) 纵跳	1×5 (SR) 2×5 (MR)	(1) 踝主导原地跳	1×10 (MR)
(2) 爆发性垫步跳	每侧2×4	(2) 侧向跨步跳	每侧1×4 (SR) 每侧2×4 (MR)	(2) 50码交替脚往返跑	×6	(2) 纵跳	1×5 (SR)
(3) 跨步跳	每侧1×4 (SR) 每侧2×4 (MR)	(3) 药球铲式助投	3×5	(3) 鼎垂低位发力拉	2×5 4×3	(3) 爆发性垫步跳	每侧2×4
(4) 40码提速跑	×6	(4a) 反握引体向上	2×5 4×8、8、6、6 1×AMRAP (>5次重复)	(4a) 反向划船	1×5 4×10	(4) ACFT练习	之前ACFT成绩的100%
		(4b) 侧弓步	每侧1×5 每侧4×5	(4b) 平板支撑推拉	4×10		
		(5a) 上斜卧推	2×5 4×8、8、6、6	(5a) 哑铃单臂实力推	每侧1×5 每侧4×10		
		(5b) 瑞士球腿弯举	4×15	(5b) 哑铃保加利亚分腿蹲	每侧1×5 每侧4×10		
		(6a) 悬垂举腿	4×5~20	(6a) 罗马尼亚硬拉	1×5 3×5 1×10		
		(6b) 面拉	3×15	(6b) 反握弹力带横拉	4×15		
代谢调节训练		代谢调节训练		代谢调节训练		代谢调节训练	
3~5英里长跑	MHR的75%~85%	8轮计时训练		无		无	
		(a) 风阻自行车练习	15千卡				
		(b) T形俯卧撑	×10				

续表

为期4天的计划，第6阶段

第3周

	第1天		第2天		第3天		第4天
(1) 踝主导原地跳	2×10 (MR)	(1) 跳远	1×3 (SR) 2×3 (MR)	(1) 纵跳	1×5 (SR) 2×5 (MR)	(1) 踝主导原地跳	1×10 (MR)
(2) 爆发性垫步跳	每侧2×4	(2) 侧向跨步跳	每侧1×4 (SR) 每侧2×4 (MR)	(2) 50码交替脚往返跑	×6	(2) 纵跳	1×5 (SR)
(3) 跨步跳	每侧1×4 (SR) 每侧2×4 (MR)	(3) 药球铲式抛投	3×5	(3) 悬垂低位发力拉	2×5 3×3	(3) 爆发性垫步跳	每侧2×4
(4) 40码提速跑	×6	(4a) 反握引体向上	2×5 3×5	(4a) 反向划船	1×5 3×10	(4) ACFT 练习	全力以赴练习
		(4b) 侧弓步	每侧1×5 每侧3×5	(4b) 平板支撑推拉	4×10		
		(5a) 上斜卧推	2×5 3×5	(5a) 哑铃单臂实力推	每侧1×5 每侧3×10		
		(5b) 瑞士球腿弯举	4×10	(5b) 哑铃保加利亚分腿蹲	每侧1×5 每侧3×10		
		(6a) 悬垂举腿	4×5~20	(6a) 罗马尼亚硬拉	1×5 3×5		
		(6b) 面拉	3×15	(6b) 反握弹力带横拉	4×15		
代谢调节训练		**代谢调节训练**		**代谢调节训练**		**代谢调节训练**	
400米重复跑	×9 速度比1英里/时快5%~15% 运动休息比为1:1	8轮计时训练		无		无	
		(a) 风阻自行车练习	15千卡				
		(b) T形俯卧撑	×10				

续表

为期4天的计划，第6阶段

第4周

第1天		第2天		第3天		第4天	
（1）踝主导原地跳	2×10（MR）	（1）跳远	1×3（SR） 2×3（MR）	（1）纵跳	1×5（SR） 2×5（MR）	（1）踝主导原地跳	1×10（MR）
（2）爆发性垫步跳	每侧2×4	（2）侧向跨步跳	每侧1×4（SR） 每侧1×4（MR）	（2）50码交替脚往返跑	×4	（2）纵跳	1×5（SR）
（3）10码提速跑	×4	（3）药球铲式地投	3×5	（3）悬垂低位友力拉	2×5 3×3	（3）爆发性卡柏蹲	每侧2×1
		（4a）反握引体向上	2×5 3×5	（4a）反向划船	1×5 3×10	（4）ACFT练习	之前ACFT成绩的80%
		（4b）侧弓步	每侧1×5 每侧2×5	（4b）平板支撑推拉	3×10		
		（5a）上斜卧推	2×5 3×5	（5a）哑铃单臂实力推	每侧1×5 每侧3×6		
		（5b）瑞士球腿弯举	2×15	（5b）哑铃保加利亚分腿蹲	每侧1×5 每侧3×6		
		（6a）悬垂举腿	2×5~20	（6a）罗马尼亚硬拉	1×5 3×5		
		（6b）面拉	2×15	（6b）反握弹力带横拉	3×15		
代谢调节训练		代谢调节训练		代谢调节训练		代谢调节训练	
2英里跑	MHR的75%~85%	6轮计时的训练 （a）风阻自行车练习 （b）T形俯卧撑	15千卡 ×10	无		无	

为期5天的计划，第1阶段

表12.20　为期5天的计划，第1阶段

第1周

第1天		第2天		第3天		第4天		第5天	
(1) 纵跳	2×5 (SR)	(1a) 引体向上	2×5 3×10	(1) 踝主导原地跳	2×10 (MR)	(1) 纵跳	2×5 (SR)		
(2) 深蹲	2×5 3×10	(1b) 实力推	2×5 3×10	(2) 爆发性垫步跳	每侧2×4	(2a) 硬拉	2×5		
(3a) 哑铃弓步走	每侧1×8 每侧3×12	(2a) 哑铃单臂俯身划船	每侧1×8 每侧3×12	(3) 40码提速跑	×4	(2b) 俯卧撑	2×10		
(3b) 壶铃半跪姿上举下伏	每侧3×6	(2b) 哑铃单臂卧推	每侧1×8 每侧3×12			(3) EMOM循环	15分钟		
(4a) 瑞士球腿弯举	3×12	(3a) 肱二头肌锤式弯举	3×12			（a）硬拉	×2 ACFT MDL 负重的74%		
(4b) 腹肌滚动	3×12	(3b) 俯身侧平举	3×12			（b）俯卧撑	ACFT HRP重复次数的15%		
(4c) 仰卧臂屈伸	3×12	(3c) 平板支撑	3×30秒			(4a) 反向划船	3×12		
						(4b) 反向卷腹	3×12		
						(5a) 面拉	3×12		
						(5b) 站姿侧屈	每侧3×12		
代谢调节训练		**代谢调节训练**		**代谢调节训练**		**代谢调节训练**		**代谢调节训练**	
100码往返跑（以25码递增）	×6 休息2分30秒	无		3~5英里跑	MHR的70%~80%	无		5~6英里越野跑	MHR的70%~80%

续表

为期5天的计划，第1阶段

第2周

第1天

(1) 纵跳	2×5（SR） 1×5（MR）
(2) 深蹲	2×5 3×10
(3a) 哑铃弓步走	每侧1×8 每侧3×10
(3b) 壶铃半跪姿上举下伐	每侧3×6
(4a) 瑞士球腿弯举	3×12
(4b) 腹肌滚动	3×12
(4c) 仰卧臂屈伸	3×12
代谢调节训练	
100码往返跑（以25码递增）	×6 休息2分30秒
无	

第2天

(1a) 引体向上	2×5 3×10
(1b) 实力举	2×5 3×10
(2a) 哑铃单臂俯身划船	每侧1×8 每侧3×12
(2b) 哑铃单臂卧推	每侧1×8 每侧3×12
(3a) 肱二头肌锤式弯举	3×12
(3b) 俯身侧平举	3×12
(3c) 平板支撑	3×35秒
代谢调节训练	
无	

第3天

(1) 踝主导原地跳	2×10（MR）
(2) 爆发性垫步跳	每侧2×4
(3) 40码提速跑	×4
代谢调节训练	
3~5英里跑	MHR的70%~80%

第4天

(1) 纵跳	2×5（SR）
(2a) 硬拉	2×5
(2b) 俯卧撑	2×10
(3) EMOM循环	20分钟
（a）硬拉	×2 ACFT MDL负重的74%
（b）俯卧撑	ACFT HRP重复次数的15%
(4a) 反向划船	3×12
(4b) 反向卷腹	3×12
(5a) 面拉	3×12
(5b) 站姿侧屈	每侧3×12
代谢调节训练	
无	

第5天

代谢调节训练	
5~6英里越野跑	MHR的70%~80%

为期5天的计划，第1阶段

续表

第3周

第1天

动作	组数×次数	组数×次数
（1）纵跳	1×5（SR）2×5（MR）	
（2）深蹲	2×5	4×10
（3a）哑铃弓步走	每侧1×8	每侧4×12
（3b）壶铃半跪姿上举下伏	每侧3×6	
（4a）瑞士球腿式弯举	3×12	
（4b）腹肌滚动	3×12	
（4c）仰卧臂屈伸	3×12	
代谢调节训练		
100码往返跑（以25码递增）	无	×6 休息2分30秒

第2天

动作	组数×次数	组数×次数
（1a）引体向上	2×5	4×10
（1b）实力推	2×5	4×10
（2a）哑铃单臂俯身划船	每侧1×8	每侧4×12
（2b）哑铃单臂卧推	每侧1×8	每侧4×12
（3a）肱二头肌锤式弯举	4×12	
（3b）俯身侧平举	4×12	
（3c）平板支撑	4×40秒	
代谢调节训练		
无		

第3天

动作	组数×次数	
（1）踝主导原地跳	2×10（MR）	
（2）爆发性垫步跳	每侧2×4	
（3）40码提速跑	×4	
代谢调节训练		
3~5英里跑	MHR的70%~80%	

第4天

动作	组数×次数	
（1）纵跳	2×5（SR）	
（2a）硬拉	2×5	
（2b）俯卧撑	2×10	
（3）EMOM循环	25分钟	
（a）硬拉	×2 ACFT MDL负重的74%	
（b）俯卧撑	ACFT HRP重复次数的15%	
（4a）反向划船	4×12	
（4b）反向卷腹	4×15	
（5a）面拉	4×12	
（5b）站姿侧屈	每侧4×12	
代谢调节训练		
无		

第5天

代谢调节训练	
5~6英里越野跑	MHR的70%~80%

续表

第4周

第1天		第2天		第3天		第4天		第5天	
(1) 纵跳	2×5（SR）	(1a) 引体向上	2×5 3×10	(1) 踝主导原地跳	2×10（MR）	(1) 纵跳	2×5（SR）		
(2) 深蹲	2×5 3×10	(1b) 实力推	2×5 3×10	(2) 爆发性垫步跳	每侧2×1	(2a) 硬拉	2×5		
(3a) 哑铃弓步走	每侧1×8 每侧3×12	(2a) 哑铃单臂俯身划船	每侧1×8 每侧3×12	(3) 4U码提速跑	×4	(2b) 俯卧撑	2×10		
(3b) 壶铃单臂姿上举下伐	3×12	(2b) 哑铃单臂卧推	每侧1×8 每侧3×12			(3) EMOM循环	25分钟		
(4a) 瑞士球腿弯举	3×12	(3a) 肱二头肌锤式弯举	3×12			（a）硬拉	×2 ACFT MDL 负重的74%		
(4b) 腹肌滚动	3×12	(3b) 俯身侧平举	3×12			（b）俯卧撑	ACFT HRP重复次数的15%		
(4c) 仰卧臂屈伸	3×12	(3c) 平板支撑	3×30秒			(4a) 反向划船	3×12		
						(4b) 仰卧屈膝收腹	3×12		
						(5a) 面拉	3×12		
						(5b) 站姿侧屈	每侧3×12		
代谢调节训练		**代谢调节训练**		**代谢调节训练**		**代谢调节训练**		**代谢调节训练**	
100码往返跑（以25码递增）	×6 休息2分30秒	无		3~5英里跑	MHR的70%~80%	无		5~6英里越野跑	MHR的70%~80%

为期5天的计划，第2阶段

表12.21 为期5天的计划，第2阶段

第1周				
第1天	**第2天**	**第3天**	**第4天**	**第5天**
（1）纵跳　1×5（SR）　2×5（MR）	（1a）反握引体向上　2×5　4×8	（1）踝主导原地跳　2×10（MR）	（1a）手臂死虫式　每侧2×5	
（2）药球铲式抛投　3×5	（1b）实力推　2×5　4×8	（2）爆发性垫步跳　每侧2×4	（1b）下肢死虫式　每侧2×5	
（3）硬拉　2×5　4×5	（2a）哑铃俯身划船　1×5　3×15	（3）40码提速跑　×6	（2）纵跳　2×5（SR）　1×5（MR）	
（4a）哑铃弓步　每侧1×10　每侧3×15	（2b）哑铃单臂上斜卧推　每侧1×5　每侧3×15		（3a）罗马尼亚硬拉　2×5　4×5（ECC3）	
（4b）仰卧转体　每侧3×8	（3a）哑铃肱二头肌弯举　3×15		（3b）面拉　4×15	
（5a）瑞士球腿弯举　3×15	（3b）弹力带横拉　3×15		（4）EMOM循环　20分钟	
（5b）腹肌滚动　3×15	（3c）负重平板支撑　3×30秒		（a）引体向上　×2	
（5c）肱三头肌下压　3×12~15			（b）俯卧撑　×4	
			（c）仰卧起坐　×4	
			（d）深蹲　×4	
代谢调节训练	**代谢调节训练**	**代谢调节训练**	**代谢调节训练**	**代谢调节训练**
150码往返跑（以25码递增）　×6　休息2分30秒	无	3~5英里跑　MHR的75%~85%	风阻自行车练习　4×30秒　休息4分钟	5~6英里越野跑　MHR的75%~85%

为期5天的计划，第2阶段

续表

第2周

第1天		第2天		第3天		第4天		第5天	
（1）纵跳	1×5（SR） 2×5（MR）	（1a）反握引体向上	2×5 4×8	（1）踝主导原地跳	2×10（MR）	（1a）手臂死虫式	每侧2×6		
（2）药球转体抛球	3×5	（1b）实力推	2×5 4×8	（2）哑铃对侧扔小球	每侧2×1	（1b）下肢死虫式	每侧2×6		
（3）硬拉	2×5 5×5	（2a）哑铃俯身划船	1×5 3×15	（3）40码提速跑	×6	（2）纵跳	1×5（SR） 2×5（MR）		
（4a）哑铃弓步	每侧1×10 每侧3×15	（2b）哑铃单臂上斜卧推	每侧1×5 每侧3×15			（3a）罗马尼亚硬拉	2×5 4×5（ECC3）		
（4b）仰卧转体	每侧3×8	（3a）哑铃肱二头肌弯举	3×15			（3b）面拉	4×15		
（5a）瑞士球腿弯举	3×15	（3b）弹力带横拉	3×15			（4）EMOM循环	20分钟		
（5b）腹肌滚动	3×15	（3c）负重平板支撑	3×30秒			（a）引体向上	×2		
（5c）肱三头肌下压	3×12~15					（b）俯卧撑	×4		
						（c）仰卧起坐	×4		
						（d）深蹲	×4		
代谢调节训练		**代谢调节训练**		**代谢调节训练**		**代谢调节训练**		**代谢调节训练**	
150码往返跑 （以25码递增）	×6 休息2分30秒	无		3~5英里跑	MHR的 75%~85%	风阻自行车练习	4×30秒 休息4分钟	5~6英里 越野跑	MHR的 75%~85%

续表

为期5天的计划，第2阶段

第3周

第1天

动作	组数×次数
（1）纵跳	1×5（SR） 2×5（MR）
（2）药球过顶式抛投	3×5
（3）硬拉	2×5 5×5
（4a）哑铃弓步	每侧1×10 每侧3×15
（4b）仰卧转体	每侧4×8
（5a）瑞士球腿弯举	3×15
（5b）腹肌滚动	3×15
（5c）肱三头肌下压	3×12~15

代谢调节训练

150码往返跑（以25码递增）	×6 休息2分30秒

第2天

动作	组数×次数
（1a）反握引体向上	2×5 4×8
（1b）实力推	2×5 4×8
（2a）哑铃俯身划船	1×5 3×15
（2b）哑铃单臂上斜卧推	每侧1×5 每侧3×15
（3a）哑铃肱二头肌弯举	3×15
（3b）弹力带横拉	3×15
（3c）负重平板支撑	3×30秒

代谢调节训练

无

第3天

动作	组数×次数
（1）踝主导原地跳	2×10（MR）
（2）爆发性坐垫步跳	每侧2×4
（3）40码提速跑	×6

代谢调节训练

3-5英里跑	MHR的75%~85%

第4天

动作	组数×次数
（1a）手臂死虫式	每侧2×8
（1b）下肢死虫式	每侧2×8
（2）纵跳	1×5（SR） 2×5（MR）
（3a）罗马尼亚硬拉	2×5 4×5（ECC3）
（3b）面拉	4×15
（4）EMOM循环	20分钟
（a）引体向上	×3
（b）俯卧撑	×5
（c）仰卧起坐	×5
（d）深蹲	×7

代谢调节训练

风阻自行车练习	4×30秒 休息3分钟

第5天

代谢调节训练

5~6英里越野跑	MHR的75%~85%

续表

为期 **5** 天的计划，第 **2** 阶段

第 4 周

	第 1 天		第 2 天		第 3 天		第 4 天		第 5 天	
	（1）纵跳	1×5（SR） 2×5（MR）	（1a）反握引体向上	2×5 3×8	（1）踝主导原地跳	2×10 （MR）	（1a）手臂死虫式	每侧2×8		
	（2）药球砸式抛投	3×5	（1b）实力推	2×5 3×8	（2）爆发性垫步跳	每侧2×4	（1b）下肢死虫式	每侧2×8		
	（3）硬拉	2×6 4×5	（2a）哑铃俯身划船	1×5 3×15	（3）40码提速跑	×6	（2）纵跳	1×5（SR） 2×5（MR）		
	（4a）哑铃弓步	每侧1×10 每侧3×15	（2b）哑铃单臂上斜卧推	每侧1×5 每侧3×15			（3a）罗马尼亚硬拉	2×5 3×8		
	（4b）仰卧转体	每侧4×8	（3a）哑铃肱二头肌弯举	3×15			（3b）面拉	4×15		
	（5a）瑞士球腿弯举	3×15	（3b）弹力带横拉	3×15			（4）EMOM循环	20分钟		
	（5b）腹肌滚动	3×15	（3c）负重平板支撑	3×30秒			（a）引体向上	×3		
	（5c）肱三头肌下压	3×12~15					（b）俯卧撑	×5		
							（c）仰卧起坐	×5		
							（d）深蹲	×7		
	代谢调节训练		**代谢调节训练**		**代谢调节训练**		**代谢调节训练**		**代谢调节训练**	
	150往返跑 （以25码递增）	×6 休息2分30秒	无		3~5英里跑	MHR的 75%~85%	风阻自行车练习	4×30秒 休息3分钟	5~6英里 越野跑	MHR的 75%~85%

为期5天的计划，第3阶段

表12.22　为期5天的计划，第3阶段

	第1天	第2天	第1周 第3天	第4天	第5天
(1)	侧向跨步跳 每侧3×4（SR）	踝主导原地跳 2×10（MR）	纵跳 3×5（SR）	踝主导原地跳 2×10（MR）	死虫式 每侧2×8
(2)	深蹲 2×5 / 4×5	爆发性垫步跳 每侧2×4	药球铲式抛投 3×5	爆发性垫步跳 每侧2×4	(2a) 立定跳远 3×3（SR）／(2b) 反握引体向上 1×5 4×5
(3)	(3a) 俯身划船 1×5 4×5	40码提速跑 ×6	硬拉 2×5 4×5	40码提速跑 ×6	(3a) 实力推 2×5 4×5／(3b) 哑铃后弓步 每侧1×5 每侧4×10
(3b)	哑铃上斜卧推 1×5 4×10				
(4a)	哑铃单臂单腿罗马尼亚硬拉 每侧3×10		哑铃交替俯卧划船 每侧1×5 每侧4×10		罗马尼亚硬拉 1×5 4×5（ISO3）
(4b)	俯身侧平举 3×10		器械臀腿起身 4×10		弹力带横拉 4×15
(4c)	腹肌滚动 3×10		仰卧起坐 4×20		手臂搬旋 每侧4×3 4秒转1圈
(5a)			卧推 2×5 4×5		
(5b)			面拉 4×15		
(5c)			站姿抗旋转 每侧4×5（ECC5）		
代谢调节训练	划船机计时练习 3×500米 休息5分钟	1英里重复跑 ×3，速度为2英里/时 运动休息比为1:1	15分钟定时模块 AMRAP (a) 30码推雪橇（以15码递增）(b) 30码哑铃农夫行走（以15码递增）	3~5英里长跑 MHR的75%~85%	风阻自行车长跑 4×30秒 休息3分钟

续表

第2周

第1天		第2天		第3天		第4天		第5天	
(1) 侧向跨步跳	每侧3×4 (SR)	(1) 踝主导原地跳	2×10 (MR)	(1) 纵跳	3×5 (SR)	(1) 踝主导原地跳	2×10 (MR)	(1) 死虫式	每侧2×8
(2) 深蹲	2×5 / 4×5	(2) 爆发性垫步跳	每侧2×4	(2) 药球铲式抛投	3×5	(2) 爆发性垫步跳	每侧2×4	(2a) 立定跳远	3×3 (SR)
(3a) 俯身划船	1×5 / 4×5	(3) 40码提速跑	×6	(3) 硬拉	2×5 / 4×5	(3) 40码提速跑	×6	(2b) 反握引体向上	1×5 / 4×5
(3b) 哑铃上斜卧推	1×5 / 4×10			(4a) 哑铃交替俯卧划船	每侧1×5 / 每侧4×10			(3a) 实力推	2×5 / 4×5
(4a) 哑铃单臂/单腿罗马尼亚硬拉	每侧3×10			(4b) 器械臀腿起身	4×10			(3b) 哑铃后足步	每侧1×5 / 每侧4×10
(4b) 俯身侧平举	3×10			(4c) 仰卧起坐	4×20			(4a) 罗马尼亚硬拉	1×5 / 4×5 (ISO3)
(4c) 腹肌滚动	3×10			(5a) 卧推	2×5 / 4×5			(4b) 弹力带横拉	4×15
				(5b) 面拉	4×15			(4c) 手臂摇旋	每侧4×5 4秒转1圈
				(5c) 站姿抗旋转	每侧4×5 (ECC5)				
代谢调节训练		**代谢调节训练**		**代谢调节训练**		**代谢调节训练**		**代谢调节训练**	
划船机计时的练习	3×500米 休息5分钟	1英里重复跑	×3, 速度为2英里/时 运动休息比为1:1	15分钟定时模块	AMRAP	5~6英里长跑	MHR的 75%~85%	风阻自行车练习	5×30秒 休息3分钟
				(a) 30码推雪橇 (以15码递增)					
				(b) 30码哑铃负重行走 (以15码递增)					

为期5天的计划，第3阶段

续表

	第1天		第2天		第3天（第3周）		第4天		第5天	
(1)	侧向跨步跳	每侧3×4（SR）	踝主导原地跳	2×10（MR）	纵跳	3×5（SR）	踝主导原地跳	2×10（MR）	死虫式	每侧3×8
(2)	深蹲	2×5 4×3	爆发性垫步跳	每侧2×4	药球铲式抛投	3×5	爆发性垫步跳	每侧2×4	立定跳远	3×3（SR）
(3)			40码提速跑	×6	硬拉	2×5 4×5	40码提速跑	×6		
(2b)									反握引体向上	1×5 4×3
(3a)	俯身划船	1×5 4×5							实力推	2×5 4×3
(3b)	哑铃上斜卧推	1×5 4×8							哑铃后弓步	每侧1×5 每侧4×8
(4a)	哑铃单臂单腿罗马尼亚硬拉	每侧3×8			哑铃交替俯卧划船	每侧1×5 每侧4×8			罗马尼亚硬拉	1×5 4×5（ISO3）
(4b)	俯身侧平举	3×10			器械腘绳腿起身	4×10			弹力带横拉	4×15
(4c)	腹肌滚动	3×10			仰卧起坐	4×25			手臂旋滚	每侧4×5 4秒转1圈
(5a)					卧推	2×5 4×3				
(5b)					面拉	4×15				
(5c)					站姿抗旋转	每侧4×10（ECC3）				

代谢调节训练										
	划船机计时练习	3×500米 休息5分钟	1英里重复跑	×3，速度为2英里/时 运动休息比为1:1	15分钟定时模块	AMRAP	3~5英里长跑	MHR的75%~85%	风阻自行车练习	5×30秒 休息3分钟
					(a) 30码推雪橇（以15码递增）					
					(b) 30码哑铃农夫行走（以15码递增）					

为期5天的计划，第3阶段

第4周

	第1天	第2天	第3天	第4天	第5天
	（1）侧向跨步跳 每侧3×4（SR）	（1）踝主导原地跳 2×10（MR）	（1）纵跳 3×5（SR）	（1）踝主导原地跳 2×10（MR）	（1）死虫式 每侧3×8
	（2）深蹲 2×5／4×3	（2）爆发性垫步跳 每侧2×4	（2）药球舒式抛投 2×5	（2）爆发性垫步跳 每侧2×4	（2a）立定跳远 3×3（SR）
	（3a）俯身划船 1×5／3×4	（3）40码提速跑 ×6	（3）硬拉 2×5／4×3	（3）40码提速跑 ×6	（2b）反握引体向上 1×5／4×3
	（3b）哑铃上斜卧推 1×5／4×8		（4a）哑铃交替俯卧划船 每侧1×5／每侧3×8		（3a）实力推 2×5／4×3
	（4a）哑铃单臂／单腿罗马尼亚硬拉 每侧1×8		（4b）器械臀腿起身 3×10		（3b）哑铃后步 每侧1×5／每侧3×8
	（4b）俯身侧平举 3×10		（4c）仰卧起坐 3×25		（4a）罗马尼亚硬拉 1×5／3×5
	（4c）腹肌滚动 3×10		（5a）卧推 2×5／3×3		（4b）弹力带横拉 3×15
			（5b）面拉 3×15		（4c）手臂搅旋 每侧4×5／4秒转1圈
			（5c）站姿抗旋转 每侧4×10（ECC3）		
代谢调节训练	划船机计时练习 3×500米 休息5分钟	1英里重复跑 ×3，速度为2英里/时 运动休息比为1:1	**代谢调节训练模块** 15分钟定时循环 AMRAP （a）30码推雪橇（以15码递增）（b）30码哑铃农夫行走（以15码递增）	5~6英里长跑 MHR的75%~85%	风阻自行车练习 5×30秒 休息3分钟

表12.23　为期5天的计划，第4阶段

| | 第1周 | | | | |
	第1天	第2天	第3天	第4天	第5天
(1)	侧向跨步跳　每侧1×4（SR）／每侧2×4（MR）	踝主导原地跳　2×10（MR）	纵跳　1×5（SR）／2×5（MR）	踝主导原地跳　2×10（MR）	立定跳远　1×3（SR）／2×3（MR）
(2)	哑铃四分之一蹲跳　1×5（SR）／2×5（SR）	弹跳　每侧2×4（SR）	团身跳　2×5（MR）	爆发性垫步跳　每侧2×4	悬垂低位发力组　1×5／2×5
(3)	深蹲　2×5／4×5	爆发性垫步跳　每侧2×4	(3a) 硬拉　2×5／4×5	40码提速跑　×6	引体向上　1×5／4×5
(4)	(4a) 反握俯身划船　1×10／4×10	40码提速跑　×6	(3b) 药球铲式抛投　4×5		(4a) 实力推　2×5／4×5
	(4b) 负重俯卧撑　每侧3×10		(4a) 哑铃俯卧划船　1×5／4×10		(4b) 哑铃弓步　每侧1×5／每侧4×10
(5)	(5a) 哑铃单腿罗马尼亚硬拉　3×15		(4b) 臀腿起身　4×5		(5a) 罗马尼亚硬拉　1×5／4×5
	(5b) 面拉　3×15		(5a) 卧推　2×5／4×5		(5b) 俯身侧平举　3×10
	(5c) 悬垂举腿　3×12		(5b) 反握弹力带横拉　4×15		(5c) 离心龙旗　3×10
			(5c) 腹肌滚动　3×12		
代谢调节训练	150码往返跑（以25码递增）　×5　休息1分30秒	400米重复跑　×9　速度比2英里/时快5%~15%　运动休息比为1:1	划船机计时练习　3×500米　运动休息比为1:3	3~5英里跑　MHR的75%~85%	8轮计时训练 (a) 风阻自行车练习　15千卡 (b) T形俯卧撑　×10

续表

为期5天的计划，第4阶段

第2周

第1天

动作	组数×次数
(1) 侧向跨步跳	每侧1×4（SR） 每侧2×4（MR）
(2) 哑铃四分之一跨跳	1×5（SR） 2×5（SR）
(3) 深蹲	2×5 4×3
(4a) 反握俯身划船	1×5 4×5
(4b) 负重俯卧撑	1×10 4×8
(5a) 哑铃单腿罗马尼亚硬拉	每侧3×8
(5b) 面推	3×15
(5c) 悬垂举腿	3×15

代谢调节训练

150码往返跑（以25码递增）	×5　休息1分30秒

第2天

动作	组数×次数
(1) 踝主导原地跳	2×10（MR）
(2) 弹跳	每侧2×4（SR）
(3) 爆发性垫步跳	每侧2×4
(4) 40码提速跑	×6

代谢调节训练

400米重复跑	×9　速度比2英里/时快5%~15%　运动休息比为1:1

第3天

动作	组数×次数
(1) 纵跳	1×5（SR） 2×5（MR）
(2) 团身跳	2×5（MR）
(3a) 硬拉	2×5 4×3
(3b) 药球过顶抛投	3×5
(4a) 哑铃俯卧划船	1×5 4×8
(4b) 臀腿起身	4×5
(5a) 卧推	2×5 4×3
(5b) 反握弹力带横拉	4×15
(5c) 腹肌滚动	3×12

代谢调节训练

划船机计时练习	3×500米　运动休息比为1:3

第4天

动作	组数×次数
(1) 踝主导原地跳	2×10（MR）
(2) 爆发性垫步跳	每侧2×4
(3) 40码提速跑	×6

代谢调节训练

5~6英里越野跑	MHR的75%~85%

第5天

动作	组数×次数
(1) 立定跳远	1×3（SR） 2×3（MR）
(2) 悬垂低位发力拉	1×5 3×5
(3) 引体向上	1×5 4×3
(4a) 实力推	2×5 4×3
(4b) 哑铃弓步	每侧1×5 每侧4×8
(5a) 罗马尼亚硬拉	1×5 4×5
(5b) 俯身侧平举	3×10
(5c) 离心龙旗	3×10

代谢调节训练

8轮计时的训练

(a) 风阻自行车练习	15千卡
(b) T形俯卧撑	×10

续表

为期5天的计划，第4阶段

第3周

	第1天	第2天	第3天	第4天	第5天
(1)	侧向跨步跳　每侧1×4（SR）　每侧2×4（MR）	踝主导原地跳　2×10（MR）	纵跳　1×5（SR）　2×5（MR）	踝主导原地跳　2×10（MR）	立定跳远　1×3（SR）　2×3（MR）
(2)	哑铃四分之一蹲跳　1×5（SR）　2×5（SR）	弹跳　每侧2×4（SR）	团身跳　2×5（MR）	爆发性垫步跳　每侧2×4	悬垂低位发力拉　1×5　3×5
(3)	深蹲　2×5　4×3, 2, 1, 1	爆发性垫步跳　每侧2×4	(3a) 硬拉　2×5　4×3	40码递速跑　×6	引体向上　1×5　4×3, 2, 2, 2
	(4a) 反握俯身划船　1×5　4×4	(4) 40码递速跑　×6	(3b) 药球铲式抛投　3×5		(4a) 实力推　2×5　4×3, 2, 2, 2
	(4b) 负重俯卧撑　1×10　4×8		(4a) 哑铃俯卧划船　1×5　4×8		(4b) 哑铃弓步　每侧1×5　每侧4×8
	(5a) 哑铃单腿罗马尼亚硬拉　每侧3×8		(4b) 臀腿起身　4×6		(5a) 罗马尼亚硬拉　1×5　4×5
	(5b) 面拉　3×15		(5a) 卧推　2×5　4×3, 2, 1, 1		(5b) 俯身侧平举　3×10
	(5c) 悬垂举腿　3×15		(5b) 反握弹力带横拉　4×15		(5c) 离心龙旗　3×10
			(5c) 腹肌滚动　3×15		
代谢调节训练	150码往返跑（以25码递增）　×5　休息1分30秒	400米重复跑　×9　速度比2英里/时快5%~15%　运动休息比为1:1	划船机计时练习　3×500米　运动休息比为1:3	3~5英里跑　MHR的75%~85%	8轮计时训练 (a) 风阻自行车练习　15千卡 (b) T形俯卧撑　×10

续表

第4周

	第1天	第2天	第3天	第4天	第5天
（1）侧向跨步跳	每侧1×4（SR） 每侧2×4（MR）				
（1）踝主导原地跳		2×10（MR）		2×10（MR）	
（1）纵跳			1×5（SR） 2×5（MR）		
（1）立定跳远					1×3（SR） 2×3（MR）
（2）哑铃四分之一蹲跳	1×5（SR） 2×5（SR）				
（2）弹跳		每侧2×4（SR）			
（2）团身跳			2×5（MR）		
（2）爆发性坐姿跳				每侧2×4	
（2）悬垂低位发力拉					1×5 3×5
（3）深蹲	2×5 3×3				
（3）爆发性垫步跳		每侧2×4			
（3a）硬拉			2×5 4×1，2，1，1		
（3）40码提速跑				×6	
（3）引体向上					1×5 3×3
（4）40码提速跑		×6			
（3b）药球铲式抛投			2×4		
（4a）反握俯身划船	1×5 3×4				
（4a）哑铃俯卧划船			1×5 3×8		
（4a）实力推					2×5 3×3
（4b）负重俯卧撑	1×10 3×8				
（4b）臀腿起身			3×5		
（4b）哑铃弓步					每侧1×5 每侧3×8
（5a）哑铃单腿罗马尼亚硬拉	每侧3×8				
（5a）卧推			2×5 3×3		
（5a）罗马尼亚硬拉					1×5 3×5
（5b）面拉	3×15				
（5b）反握弹力带横拉			4×15		
（5b）俯身侧平举					3×10
（5c）悬垂举腿	3×15				
（5c）腹肌滚动			3×15		
（5c）离心龙旗					3×10
代谢调节训练	150码往返跑（以25码递增） ×5 休息1分30秒	400米重复跑 ×9 速度比2英里/时快5%~15% 运动休息比为1：1	划船机计时练习 3×500米 运动休息比为1：3	5~6英里越野跑 MHR的75%~85%	8轮计时训练
					（a）风阻自行车练习　15千卡
					（b）T形俯卧撑　×10

128　第3部分　战备状态与训练计划

为期5天的计划，第5阶段

表12.24　为期5天的计划，第5阶段

第1周

第1天

动作	处方
（1）侧向跨步跳	每侧1×4（SR） 每侧2×4（MR）
（2）药球static式抛投	3×5
（3）硬拉	2×5 6×5、3、1、5、3、1
（4a）哑铃俯卧划船	1×5 4×10
（4b）器械屈腿起身	4×10
（5a）卧推	2×5，训练至5RM，然后在5RM的80%下进行2×8
（5b）反弹弹力带横拉	4×15
（5c）悬垂举腿	4×5-10
代谢调节训练	拖拽雪橇（25码）+往返跑（25码）：800米重复跑×6，运动休息比为1:3

第2天

动作	处方
（1）踝主导原地跳	2×10
（2）爆发性垫步跳	每侧2×4
（3）跨步跳	每侧1×4（SR） 每侧2×4（MR）
（4）40码提速跑	×6
代谢调节训练	800米重复跑：×5，速度比2英里/时快5%~15%，运动休息比为1:1

第3天

动作	处方
（1）纵跳	1×5（SR） 2×5（MR）
（2）哑铃四分之一蹲跳	1×5（MR） 1×5（MR）
（3）深蹲	2×5 4×5
（4a）反握俯身划船	1×5 4×5
（4b）哑铃俯卧撑	1×ACFT HRP重复次数的10% 4×ACFT HRP重复次数的50%
（5a）单腿罗马尼亚硬拉	每侧3×8
（5b）面拉	3×15
（5c）训练袋侧向卷腹	每侧3×10
代谢调节训练	6轮计时训练：（a）划船机练习 500米　（b）T形俯卧撑 ×10

第4天

动作	处方
（1）踝主导原地跳	2×10（MR）
（2）爆发性垫步跳	每侧2×4
（3）跨步跳	每侧1×4（SR） 每侧2×4（MR）
（4）40码提速跑	×6
代谢调节训练	3~5英里跑：MHR的75%~85%

第5天

动作	处方
（1）立定跳远	1×3（SR） 2×3（MR）
（2）悬垂低位发力拉	2×5 3×5
（3）引体向上（负重组：负重引体向上）	1×5 达到5RM后以5RM的80%进行2×8
（4a）实力推	2×5 达到5RM以5RM的80%进行2×8
（4b）侧弓步	每侧1×5 每侧3×10
（5a）罗马尼亚硬拉	1×5 3×10
（5b）俯身侧平举	3×10
（5c）T杠转体	每侧3×6
代谢调节训练模块	15分钟定时模块：AMRAP （a）30码堆雪橇（以15码递增） （b）30码哑铃农夫行走（以15码递增）

续表

第 2 周

	第 1 天	第 2 天	第 3 天	第 4 天	第 5 天
(1)	侧向跨步跳　每侧1×4（SR）每侧2×4（MR）	踝主导原地跳　2×10（MR）	纵跳　1×5（SR）2×5（MR）	踝主导原地跳　2×10（MR）	立定跳远　1×3（SR）2×3（MR）
(2)	药球行进式抛投　3×5	爆发性垫步跳　每侧2×4	哑铃四分之一蹲跳　1×5（MR）1×5（MR）	爆发性垫步跳　每侧2×4	悬垂低位发力拉　2×5　3×5
(3)	硬拉　2×5　6×5、3、1、5、3、1	跨步跳　每侧1×4（SR）每侧2×4（MR）	深蹲　2×5　4×5	跨步跳　每侧1×4（SR）每侧2×4（MR）	引体向上（负重组：负重引体向上）　1×5　达到3RM后以3RM的80%进行2×6
(4a)	哑铃俯卧划船　1×5　1×10	40码加速跑　×6	反握俯身划船　1×5　4×5	40码提坐跑　×6	实力推　2×5　达到3RM后以3RM的80%进行2×6
(4b)	器械臀腿起身　4×10		哑铃俯卧撑　1×ACFT HRP重复次数的10%　4×ACFT HRP重复次数的50%		侧弓步　每侧1×5　每侧3×10
(5a)	卧推　2×5、训练至3RM，然后在3RM的80%下进行2×6		单腿罗马尼亚硬拉　每侧3×8		罗马尼亚硬拉　1×5　3×10
(5b)	反握弹力带横拉　4×15		面拉　3×15		俯身侧平举　4×10
(5c)	悬垂举腿　4×5~10		训练凳侧向卷腹　每侧3×10		T杠转体　每侧3×8
代谢调节训练	拖拽雪橇（25码）+往返跑（25码）　×6，运动休息比力1:3	800米重复跑　×5，速度比2英里/时块5%~15%　运动休息比为1:1	6轮计时的训练 （a）划船机练习　500米 （b）T形俯卧撑　×10	5~6英里越野跑　MHR的75%~85%	15分钟定时模块　AMRAP （a）30码堆雪橇（以15码递增） （b）30码哑铃农夫行走（以15码递增）

续表

为期5天的计划，第5阶段

	第3周				
	第1天	第2天	第3天	第4天	第5天
(1)	侧向跨步跳：每侧1×4(SR) 每侧2×4(MR)	(1) 踝主导原地跳：2×10(MR)	(1) 纵跳：1×5(SR) 2×5(MR)	(1) 踝主导原地跳：2×10(MR)	(1) 立定跳远：1×3(SR) 2×3(MR)
(2)	药球扩胸式抛掷：3×5	(2) 爆发性垫步跳：每侧2×4	(2) 哑铃四分之一蹲跳：1×5(MR) 1×5(MR)	(2) 爆发性垫步跳：每侧2×4	(2) 悬垂低位发力拉：2×5 3×5
(3)	硬拉：2×5 训练至3RM	(3) 跨步跳：每侧1×4(SR) 每侧2×4(MR)	(3) 深蹲：2×5 4×5	(3) 跨步跳：每侧1×4(SR) 每侧2×4(MR)	(3) 引体向上（负重组：负重引体向上）：1×5，训练至3RM，然后在3RM的80%下进行2×6
(4a)	哑铃俯卧划船：1×5 4×10	(4) 40码提速跑：×6	(4a) 反握俯身划船：1×5 4×4	(4) 40码提速跑：×6	(4a) 实力推：2×5，训练至3RM，然后在3RM的80%下进行2×6
(4b)	器械臀腿卷曲：4×10		(4b) 哑铃俯卧撑：1×ACFT HRP 重复次数的10% 4×ACFT HRP 重复次数的60%		(4b) 侧弓步：每侧1×5 每侧3×8
(5a)	卧推：2×5，训练至1RM，然后在1RM的80%下进行2×4		(5a) 单腿哑铃罗马尼亚硬拉：每侧3×8		(5a) 罗马尼亚硬拉：1×5 3×8
(5b)	反握弹力带横拉：4×10		(5b) 面拉：3×15		(5b) 俯身侧平举：4×10
(5c)	悬垂举腿：4×5-15		(5c) 训练凳侧向卷腹：每侧3×15		(5c) T杠转体：每侧3×10
代谢调节训练	拖拽雪橇（25码）+往返跑（25码）×6，运动休息比为1∶3	800米重复跑×5，速度比2英里/时快5%~15% 运动休息比为1∶1	6轮计时训练 (a) 划船机练习 500米 (b) T形俯卧撑 ×10	3~5英里跑 MHR的75%~85%	15分钟定时模块 AMRAP (a) 30码堆雪橇（以15码递增） (b) 30码哑铃农夫行走（以15码递增）

为期5天的计划，第5阶段

第4周

	第1天	第2天	第3天	第4天	第5天
(1)	侧向跨步跳　每侧1×4（SR）／每侧2×4（MR）	踝主导原地跳　2×10（MR）	纵跳　1×5（SR）／2×5（MR）	踝主导原地跳　2×10（MR）	立定跳远　1×3（SR）／2×3（MR）
(2)	药球铲式地投　3×5	爆发性垫步跳　每侧2×4	哑铃四分之一蹲跳　1×5（MR）／1×5（MR）	爆发性垫步跳　每侧2×4	悬垂低位发力拉　2×5／3×5
(3)	硬拉　2×5／3×3	跨步跳　每侧1×4（SR）／每侧2×4（MR）	深蹲　2×5／3×5	跨步跳　每侧1×4（SR）／每侧2×4（MR）	引体向上（负重组：负重引体向上）　1×5／3×3
(4)／(4a)	(4a) 哑铃俯卧划船　1×5／3×10	(4) 40码提速跑　×6	(4a) 反握俯身划船　1×5／4×4	(4) 40码提速跑　×6	(4a) 实力推　2×5／3×3
(4b)	器械臀腿起身　3×10		哑铃俯卧撑　1×ACFT HRP重复次数的10%／3×ACFT HRP重复次数的60%		侧弓步　每侧1×5／每侧3×8
(5a)	卧推　2×5／3×5		单腿哑铃罗马尼亚硬拉　每侧3×8		罗马尼亚硬拉　1×5／3×8
(5b)	反握弹力带横拉　4×10		面拉　3×15		俯身侧平举　4×10
(5c)	悬垂举腿　4×5~15		训练凳侧向卷腹　每侧3×15		T杠转体　每侧3×10
代谢调节训练	拖拽雪橇（25码）+往返跑（25码）　×6，运动休息比为1:3	1英里计时跑　休息10分钟	6轮计时训练	5~6英里越野跑　MHR的75%~85%	15分钟定时模块　AMRAP
	800米重复跑	800米重复跑　×2，速度比2英里/时快5%~15%，运动休息比为1:1	(a) 划船机练习　500米 (b) T形俯身撑　×10		(a) 30码推雪橇（以15码递增） (b) 30码哑铃农夫行走（以15码递增）

为期5天的计划，第6阶段

表12.25　为期5天的计划，第6阶段

第1周				
第1天	第2天	第3天	第4天	第5天
(1) 踝主导原地跳　2×10 (MR)	(1) 立定跳远　1×3 (SR)　2×3 (MR)	(1) 纵跳　1×5 (SR)　2×5 (MR)	(1) 踝主导原地跳　2×10 (MR)	(1) 踝主导原地跳　1×10 (MR)
(2) 爆发性垫步跳　每侧2×4	(2) 侧向跨步跳　每侧1×4 (SR)　每侧2×4 (MR)	(2) 50码交替脚往返跑　×6	(2) 爆发性垫步跳　每侧2×4	(2) 纵跳　1×5 (SR)
(3) 跨步跳　每侧1×4 (SR)　每侧2×4 (MR)	(3) 药球砸式抛投　3×5	(3) 悬垂低位发力拉　2×5　4×3		(3) 爆发性垫步跳　每侧2×4
(4) 40码提速跑　×6	(4a) 反握引体向上　2×5　4×8, 8, 6, 6　1×AMRAP (>5次)	(4a) 反向划船　1×5　4×10		(4) ACFT练习　之前ACFT成绩的90%
	(4b) 侧弓步　每侧1×5　每侧4×5	(4b) 平板支撑推拉　4×10		
	(5a) 上斜卧推　2×5　4×8, 8, 6, 6	(5a) 哑铃单臂实力推　每侧1×5　每侧4×10		
	(5b) 瑞士球屈腿弯举　4×15	(5b) 哑铃单臂保加利亚分腿蹲　每侧1×5　每侧4×10		
	(6a) 悬垂举腿　4×5~20	(6a) 罗马尼亚硬拉　1×5　3×5　1×10		
	(6b) 面拉　4×15	(6b) 反握弹力带横拉　4×15		
代谢调节训练	代谢调节训练	代谢调节训练	代谢调节训练	代谢调节训练
400米重复跑　×9，速度比1英里/时快5%~15% 运动休息比为1:1	8轮计时训练	无	3~5英里跑　MHR的75%~85%	无
	(a) 风阻自行车练习　15千卡			
	(b) T形俯卧撑　×10			

续表

第 2 周

	第 1 天	第 2 天	第 3 天	第 4 天	第 5 天
(1)	踝主导原地跳　2×10 (MR)	立定跳远　1×3 (SR)　2×3 (MR)	纵跳　1×5 (SR)　2×5 (MR)	踝主导原地跳　2×10 (MR)	踝主导原地跳　1×10 (MR)
(2)	爆发性垫步跳　每侧2×4	侧向跨步跳　每侧1×4 (SR)　每侧2×4 (MR)	50码交替脚往返跑　×6	爆发性垫步跳　每侧2×4	纵跳　1×5 (SR)
(3)	跨步跳　每侧1×4 (SR)　每侧2×4 (MR)	药球过顶式抛投　3×5	悬垂低位发力拉　2×5　4×3		爆发性垫步跳　每侧2×4
(4) / (4a)	40码提速跑　×6	反握引体向上　2×5　4×8、8、6、6　1×AMRAP (>5次)	反向划船　1×5　4×10		ACFT练习　之前ACFT成绩的100%
(4b)		侧弓步　每侧1×5　每侧4×5	平板支撑推拉　4×10		
(5a)		上斜卧推　2×5　4×8、8、6、6	哑铃单臂实力推　每侧1×5　每侧4×10		
(5b)		瑞士球弯举　4×15	哑铃单臂保加利亚分腿蹲　每侧1×5　每侧4×10		
(6a)		悬垂举腿　4×5~20	罗马尼亚硬拉　1×5　3×5　1×10		
(6b)		面拉　3×15	反握弹力带横拉　4×15		
代谢调节训练	400米重复跑　×9，速度比1英里/时快5%~15%　运动休息比为1:1	8轮计时训练：(a) 风阻自行车练习　15千卡　(b) T形俯卧撑　×10	无	3~5英里跑　MHR的75%~85%	无

为期 5 天的计划，第 6 阶段

为期5天的计划，第6阶段

续表

第3周	第1天	第2天	第3天	第4天	第5天
(1)	踝主导原地跳 2×10（MR）	立定跳远 1×3（SR）2×3（MR）	纵跳 1×5（SR）2×5（MR）	踝主导原地跳 2×10（MR）	踝主导原地跳 1×10（MR）
(2)	爆发性垫步跳 每侧2×4	侧向跨步跳 每侧1×4（SR）每侧2×4（MR）	50码交替脚往返跑 ×6	爆发性垫步跳 每侧2×4	纵跳 1×5（SR）
(3)	跨步跳 每侧1×4（SR）每侧2×4（MR）	药球铲式抛投 3×5	悬垂高位反向拉 2×5 3×3		爆发性垫步跳 每侧2×4
(4) / (4a)	40码提速跑 ×6	反握引体向上 2×5 3×5	反向划船 1×5 3×10		ACFT练习 全力以赴练习
(4b)		侧弓步 每侧1×5 每侧3×5	平板支撑拉 4×10		
(5a)		上斜卧推 2×5 3×5	哑铃单臂实力推 每侧1×5 每侧3×10		
(5b)		瑞士球腿弯举 4×10	哑铃单臂保加利亚分腿蹲 每侧1×5 每侧3×10		
(6a)		悬垂举腿 4×5~20	罗马尼亚硬拉 1×5 3×5		
(6b)		面拉 3×15	反握弹力带横拉 4×15		
代谢调节训练	400米重复跑 ×9，速度比1英里/时快5%~15% 运动休息比为1:1	8轮计时训练 (a) 风阻自行车 15千卡 (b) T形俯卧撑 ×10	无	3~5英里跑 MHR的75%~85%	无

续表

为期5天的计划，第6阶段

第4周

	第1天	第2天	第3天	第4天	第5天
(1)	踝主导原地跳 2×10（MR）	立定跳远 1×3（SR） 2×3（MR）	纵跳 1×5（SR） 2×5（MR）	踝主导原地跳 2×10（MR）	踝主导原地跳 1×10（MR）
(2)	爆发性垫步跳 每侧2×4	侧向跨步跳 每侧1×4（SR） 每侧1×4（MR）	50码交替脚往返跑 ×4	爆发性垫步跳 每侧2×4	纵跳 1×5（SR）
(3)	40码提速跑 ×4	药球铲式抛投 3×5	悬垂低位发力拉 2×5 3×3		爆发性垫步跳 每侧2×4
(4a)		反握引体向上 2×5 3×5	反向划船 1×5 3×10		ACIT练习 上周ACIT成绩的80%
(4b)		侧弓步 每侧1×5 每侧2×5	平板支撑推拉 3×10		
(5a)		上斜卧推 2×5 3×5	哑铃单臂实力推 每侧1×5 每侧3×6		
(5b)		瑞士球屈腿弯举 2×15	哑铃单臂保加利亚分腿蹲 每侧1×5 每侧3×6		
(6a)		悬垂举腿 2×5~20	罗马尼亚硬拉 1×5 3×5		
(6b)		面拉 2×15	反握弹力带横拉 3×15		
代谢调节训练	400米重复跑 ×5，速度比1英里/时快5%~15% 运动休息比为1:1	6轮计时训练 （a）风阻自行车练习 15千卡 （b）T形俯卧撑 ×10	无 3~5英里跑	无负重	无

第4部分

训练与练习说明

第 13 章

热身练习

　　由于训练时长有限、相关人员缺乏耐心或缺乏设计及实施有效热身环节的专业知识，内容全面且具有针对性的渐进性热身环节所具备的益处往往没有在士兵的训练中得到很好的体现。具有针对性的热身环节可以使士兵训练的效果最大化，同时降低其受伤风险。此外，热身环节使士兵能够以较慢的速度和较轻的负荷练习常见的运动模式，从而使他们能够以安全、可控的方式展示或提升自身的动作能力。本章为士兵提供了可在日常训练前进行的热身练习，并就如何在训练中添加额外练习或使用替代性练习提供了建议。

　　热身环节应是循序渐进的。也就是说，在热身环节的开始，应选择缓慢、稳定且简单的一般性练习，然后逐步过渡到快速、不太稳定且更复杂的针对性练习。这就好比学习射击的过程：开始时，士兵在不装配弹药的情况下以静态、稳定的姿势学习射击的基本动作，最终过渡到在真实场景中学习移动中的实弹射击。

　　就热身而言，没有什么比正式练习本身更具针对性。在进行热身前，士兵可以结合训练课的各项内容来对热身进行规划。热身环节针对的肌肉、肌腱、关节和运动模式应与正式训练针对的相同。例如，为了有效、安全地执行蹲类练习，士兵的踝关节、髋关节和上背部应具备足够的活动度，膝关节和下背部应具有足够的稳定性。适当的热身能够帮助士兵在进行负重训练前，具备必要的活动度和稳定性。以下热身练习可以帮助士兵加速血液流动和提升关节活动度，最重要的是，可以帮助士兵增强神经肌肉协调能力，从而使其为后续训练做好准备。本书的热身练习均为徒手练习。在训练初期，士兵需要花费较长的时间来完成热身，但随着对练习的熟悉度提升，士兵能够在10分钟内完成热身环节。如果时间不允许，士兵可以将热身练习的规定次数或距离减半，但一定不能省略热身环节！

热身练习速查

一般性热身练习

　　一般性热身练习的目的是加速血液流动。此外，这类练习有助于士兵将注意力从早上的通勤或周末的娱乐活动转移至训练任务上。一般性热身练习要求士兵在低强度或慢跑等级的速度下动起来。在空间不足的情况下，士兵可以进行简单的原地慢跑或缓慢跳跃，并根据需要添加手臂动作。

慢跑与倒退跑组合

3×20码（或米）（往返）

正如字面意思，先慢跑出去，再倒退跑回来。双臂可以放松地摆动或画圈。

侧滑步

20码（或米）（往返）

以侧向拖曳双脚的方式移动，确保双脚不交叉。全程进行不那么吃力或技术要求较低的侧向移动，双手可在身体前方或头顶上方摆动。

侧向转髋跑

20码（或米）（往返）

侧向移动，同时后侧腿依次经前侧腿前、后方向前移动，与前侧腿交叉，让身体自然旋转。请注意，该练习是一般性热身练习，因此交叉步的幅度不能过大，也不能过度旋转身体（图13.1）。需再次强调的是，以慢跑的速度进行该练习。

图13.1　a. 侧向转髋跑，后侧腿经前侧腿前方与其交叉；b. 侧向转髋跑，后侧腿经前侧腿后方与其交叉

还有一个非常好但未出现在本书训练计划中的一般性热身练习是跳绳。只需简单地进行几百次跳绳，就可获得很好的热身效果。同时，跳绳也是一种安全的训练协调性的方式。

灵活性热身练习

　　灵活性热身练习旨在帮助士兵保持现有的关节活动度，或提升受限的关节活动度。士兵活动度受限的部位通常为踝关节、髋关节、上背部和肩关节。士兵应以缓慢且可控的方式进行灵活性热身练习，同时有意识地施加力量以使目标关节达到最大活动度，但不能太过用力。如果时间允许且有可用的器材，士兵可以在进行灵活性热身练习之前，对目标关节周围的肌肉进行自我肌筋膜松解（泡沫轴滚压）。

踝关节灵活性练习

每侧10次

　　双手置于墙、架子或任何静止的物体上，也可以置于大腿上，双腿前后分开。面对墙壁练习时，前侧脚的姆趾离墙约6英寸（15厘米），后侧脚的脚趾离前侧脚的脚跟约1英尺（30厘米）。保持前侧脚平放在地面上，前侧膝向前移动，最大限度地背屈前侧踝。士兵可能会感觉到传统意义上的牵拉感，也可能感觉不到，但请放心，只要进行该练习，踝关节的灵活性就会提升（图13.2）。全程保持后侧腿放松。

图13.2　踝关节灵活性练习，背屈姿势

弓步髋关节灵活性练习

每侧 10 次

　　该练习以双膝屈曲 90 度且躯干直立的半跪姿开始。然后，向后倾斜骨盆，仿佛在"夹紧尾巴"。臀部收紧，挤压后侧腿，同时髋部向前移动，使前侧腿的髋部有轻微的牵拉感（图 13.3）。全程保持腹部收紧，避免下背部过度伸展。

图13.3　弓步髋关节灵活性练习，拉伸姿态

胸椎旋转

每侧10次

该练习以坐于脚跟上且一侧手撑地、对侧手置于头部后方的跪姿开始。然后，上背部最大限度地旋转，向一侧打开身体，尝试让胸部朝向天空。接着，将屈曲的手肘移至撑地手臂后侧，斜向挤压身体（图13.4）。

图13.4　a.胸椎旋转，外旋姿势；b.胸椎旋转，内旋姿势

面墙肩部灵活性练习（墙面滑行）

10次

面向墙壁站立，双脚脚趾距离墙几厘米。双臂置于身体两侧，呈 W 形，掌心相对，双臂和腕部贴靠墙面（图 13.5a）。双臂沿墙面缓慢地向上滑动，直至完全伸展（图 13.5b）。接着，双臂沿墙面缓慢地向下滑动，回到起始姿势。

图 13.5　a. 面墙肩部灵活性练习　起始姿势；b. 面墙肩部灵活性练习　结束姿势

动态热身练习

　　动态热身练习旨在让士兵的身体在全活动度内移动，同时提高协调性。士兵仍需以可控的方式进行这些练习，同时尽可能保证姿势正确且不出现动作代偿，以达到相应的活动度。士兵可在原地或移动中进行这些热身练习。

虫式爬行与瑜伽俯卧撑组合

5次

　　该练习以直立站姿开始。然后，臀部后移，屈髋俯身，直至双手手掌触地。动作过程中，尽可能保持膝关节伸直，身体后侧应有牵拉感（图13.6a）。接着，双手手掌压实地面，向前爬动，直至身体呈俯卧撑顶部姿势（图13.6b）。做一个俯卧撑（图13.6c），在推起身体的过程中尽量将臀部向上顶，同时双臂伸直过头并向下压（图13.6d）。最后，双手爬向脚趾，回到起始姿势。

图13.6　a. 虫式爬行，屈髋姿势；b. 虫式爬行，高位平板姿势；c. 瑜伽俯卧撑，底部姿势；d. 瑜伽俯卧撑，顶部姿势

腹股沟拉伸加旋转（最伟大拉伸）

每侧5次

从俯卧撑顶部姿势开始，一侧脚向前迈至同侧手的外侧，平放在地面上（图13.7a）。上背部弓起，后侧腿伸直，然后前侧腿的同侧手臂向上旋转，手指向天空（图13.7b）。在收回前侧腿前，手先回到起始姿势。换对则重复。

图13.7　a. 腹股沟拉伸（无旋转）；b. 腹股沟拉伸（加旋转）

抓脚深蹲

10次

像虫式爬行一样，臀部后移，屈髋俯身，直至双手触地。双手抓住同侧脚趾，保持身体后侧有牵拉感。保持双臂完全伸直，双脚平放在地面上，同时双手持续向上拉双脚。然后，背部弓起并向下蹲，双肘置于双膝内侧，下蹲至呈深蹲底部姿势（图13.8a）。接着，双手离开双脚，双臂伸直并举过头顶，呈Y形（图13.8b）。保持双臂呈Y形，起身站直。

图13.8　a. 抓脚深蹲，底部姿势，双手抓住脚趾；b. 抓脚深蹲，底部姿势，双臂举过头顶

抱膝前进

每侧10次

单腿站立，将非支撑侧膝盖拉向胸部。非支撑侧踝关节背屈，脚趾指向天空，同时保持抬头挺胸（图13.9）。换对侧重复。

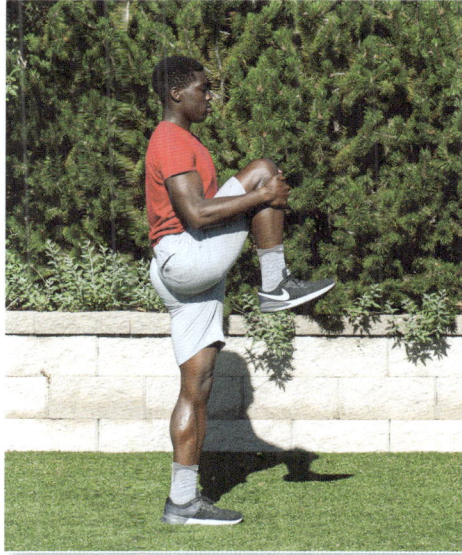

图13.9 抱膝前进，顶部姿势

超人式行走

每侧 10 次

单腿站立，将非支撑侧脚跟抬起至与膝盖持平。非支撑侧手抓住同侧脚踝并将其拉向臀部，同时保持躯干挺直（图 13.10）。可以将支撑侧手臂向上伸直。换对侧重复。

图13.10   超人式行走，顶部姿势

过头弓步

每侧10次

向后跨一步或向前跨一步，同时双臂伸直并举过头顶，呈Y形。双膝屈曲，前膝呈锐角，后膝呈钝角（图13.11）。然后，保持躯干挺直，双臂上举，前侧腿发力，回到站立姿势。换对侧重复。

图13.11 过头弓步，底部姿势

徒手单腿罗马尼亚硬拉

每侧10次

单腿站立，支撑腿膝关节保持自然屈曲。屈髋俯身，向后抬起非支撑腿，全程保持身体从头到脚呈一条直线。持续屈髋，直至身体呈T形（图13.12）。在整个动作过程中，确保髋部不向一侧倾斜。

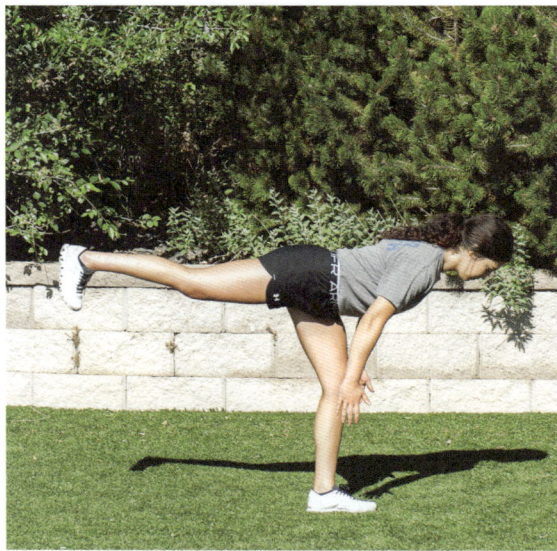

图13.12　徒手单腿罗马尼亚硬拉，屈髋姿势

侧弓步

每侧10次

如果在原地进行该练习，则迈步的距离应尽可能大，并保持双脚指向前方（图13.13a）。然后，双脚平放在地面上，臀部后移，迈步腿的膝关节屈曲，对侧腿保持伸直（图13.13b）。迈步腿的膝关节应位于踝关节内侧，髋关节应位于膝关节内侧，这样有利于士兵高效地蹬地站起。最后，迈出腿发力，回到起始的站立姿势。换对侧重复。

如果在移动中进行该练习，则一开始迈步的距离应小一些，后续动作与在原地进行该练习时相同，但迈步腿的膝关节与髋关节应稍微超过脚尖。对侧腿跟随迈步腿移动，回到站立姿势，此时距离起始位置约1米。然后，转体180度，换对侧重复，继续向前移动。

图13.13 a. 侧弓步，双腿分开的高位姿势；b. 侧弓步，屈膝姿势

动作技能练习

大家有一个共识，那就是传统的 APFT 训练并不能提高士兵的动作能力，因此本书中加入了动作技能练习。动作技能练习比动态热身练习节奏快，有助于提高士兵所需的动作能力。动态热身练习注重可控的活动度，而移动技能练习则注重动量，以接近"比赛速度"的模式训练士兵。

高抬腿军步

10码（或米）或10秒

以从头到脚呈一条直线的直立站姿开始。然后，一侧腿伸直撑地，对侧膝抬高且屈曲90度。支撑侧手臂向前摆动且屈曲90度，同时，非支撑侧手臂向后摆动。双手保持放松，前侧手约与胸部持平，后侧手则刚好位于裤子口袋的后方。在行进过程中，抬高侧保持勾脚，小腿伸展。开始行进时，对侧的手臂和腿同时运动（图13.14）。进行该练习时，可向前移动。

图13.14　a. 高抬腿军步，侧视；b. 高抬腿军步，前视

垫步高抬腿

10码（或米）或10秒

垫步高抬腿的动作模式与高抬腿军步几乎相同，只有一个区别：在垫步高抬腿的每一步，支撑脚不只触地一次。在垫步高抬腿的动作过程中，一侧脚快速蹬地跳起，使身体短暂悬浮，随后同侧脚再次着地，紧接着换对侧脚快速蹬地跳起（图13.15）。相较于高抬腿军步，垫步高抬腿对协调性的要求更高。刚开始进行该练习时，双手可以置于头上或过头举起一个较轻的物体，从而将注意力更好地放在腿部动作上，而不用过多关注手臂动作的协调。

图13.15 a.垫步高抬腿，侧视；b.垫步高抬腿，前视

高抬腿

10码（或米）或10秒

高抬腿是高抬腿军步的快速版本。保持上半身直立，双膝尽可能快地交替上提。在规定的距离或时间内，让双脚尽可能多地触地。

侧向拖曳

10码（或米）或10秒

以运动姿开始。双脚间距应大于双膝间距，双膝间距应大于髋宽。臀部后移，抬头挺胸，双臂呈接球准备姿势。体重应落于脚掌上，身体能向任意方向轻松、快速地移动（图13.16a和图13.16b）。侧向移动时，后侧脚的内侧发力蹬地，同时前侧腿侧向迈出。全程保持前侧腿位于身体外侧，身体重心较低。停止移动时，用前侧脚的内侧制动，回到起始的运动姿（图13.16c和图13.16d）。进行该练习时，避免双脚在身体下方拍地，避免身体重心过高或落在前侧脚上。以上常见的错误动作会导致士兵在训练中摔倒、难以变向，甚至脚踝受伤。该练习要求士兵向每个移动方向进行2组训练：在第1组训练中，每步之间有停顿；在第2组训练中，流畅地移动规定的距离。

图13.16 a. 运动姿，前视；b. 运动姿，侧视；c. 侧向拖曳，前侧腿屈曲悬停，后侧腿伸展；d. 侧向拖曳，变向动作

加减速组合练习

4 次

以双腿前后分开，一侧手臂和对侧腿在前的站立式起跑姿势开始。然后，双脚同时发力蹬地，开始冲刺。到达 10 码标志线时　降低臀部，缩小步幅，在尽可能短的时间里减速，直至以运动姿停下。最后，走回起点线，交换双脚位置，再次呈站立式起跑姿势，重复上述动作。

神经激活练习

神经激活练习让士兵的身体在短时间内尽可能快地移动，从而达到激活士兵中枢神经系统的目的，同时也有利于提高士兵的办调性。在士兵进行爆发性练习（如快速伸缩负荷练习和冲刺跑）之前，神经激活练习是热身环节的最后组成部分。

屈膝原地碎步跑

5 秒

该练习与侧向拖曳一样，以运动姿开始。保持起始姿势不变，同时尽可能快地在原地进行碎步跑。双脚快速踩踏地板，发出像机枪射击一样的声音。为了使该练习更具挑战性，在原地进行碎步跑时，双臂缓慢地交替摆动。

屈膝侧向跨步跳

5 秒

该练习与屈膝原地碎步跑类似，区别在于，双脚应同时跳起和落下，侧向来回移动，每次移动几厘米。

屈膝转髋

5秒

以运动姿开始。然后，双脚快速跳跃，上、下半身反向旋转，落地时，双脚向一侧转动约45度。躯干全程保持朝前（图13.17）。

图13.17   a.屈膝转髋，下半身向右；b.屈膝转髋，下半身向左

针对性热身练习

针对性热身练习指士兵体能训练计划中的正式练习的退阶版本，如空杆杠铃卧推，或与正式练习具有相同动作模式的其他练习，如在引体向上之前进行的弹力带下拉。针对性热身练习有助于使正式训练的效果最大化，所以不应该被忽略。本书中的部分训练计划包含针对性热身练习，同时也鼓励士兵将针对性热身练习纳入任何自己认为合适的环节。

爆发力练习

爆发力练习的特点为"三关节伸展",即强调通过踝关节、膝关节和髋关节的高发力率来体现爆发力。这些练习旨在最大限度地提高士兵的力输出,同时尽可能减少其发力的时间。这些练习能够为站姿后抛药球测试和冲刺-拖拽-搬运测试带来直接的益处,也有利于提高2英里跑测试的成绩。在这些练习中,大多数练习不需要使用器材就可进行,且使用器材的练习也能用不使用器材的练习替代。

替代性爆发力练习

第12章的训练计划所包含的爆发力练习应为士兵的首选练习,因为这些练习与陆军战斗体能测试直接相关。如果士兵没有首选练习所需的器材,那么就要选择替代性练习。士兵可从表14.1的最上面一行找到想要替换的首选练习。需要注意的是,这些练习的名称中可能并未包含所使用的器材。找到想要替换的首选练习后,士兵可从表14.1的最左列找到可使用的器材。想要替换的首选练习所在的列与可使用的器材所在的行相交的单元格,即为士兵需要的替代性练习。请选择能最大限度地模拟第12章训练计划中的首选练习的姿势、动作模式和负荷水平的替代性练习。注意,首选练习不一定有使用某一种器材的替代性练习,但一定有使用自重的替代性练习。因此,士兵没有理由完全忽略训练计划所包含的某个练习。

爆发力练习速查

表14.1 替代性爆发力练习

	纵跳	立定跳远	深蹲跳	四分之一蹲跳	团身跳	踝主导原地跳	爆发性垫步跳	跨步跳	侧向跨步跳	药球铲式抛投	悬垂低位发力拉
六角杠铃											
杠铃											
哑铃			深蹲跳	四分之一蹲跳						深蹲跳	悬垂低位发力拉
壶铃											
沙袋											
弹力带											
悬吊训练器											
自重	纵跳	立定跳远	深蹲跳	四分之一蹲跳	团身跳	踝主导原地跳	爆发性垫步跳	跨步跳	侧向跨步跳	纵跳	纵跳

纵跳

起始姿势

站立，双脚分开，与髋同宽，远离一切障碍物。

动作过程

1. 在整个动作过程中，脊柱保持自然微伸（不要弓背）。
2. 双手举过头顶，以便更有力地向下摆动（图a）。
3. 双手向下摆动，同时髋部向后，髋关节和膝关节屈曲。
4. 下蹲至舒适的末端位置，此时肩部应高于髋部，髋部应高于膝盖（图b）。然后立即进行反向动作。
5. 向上跳跃时，整个脚用力蹬地，同时伸膝和伸髋，然后伸踝，双臂向上摆动。这个有力的动作能将整个身体向上"发射"至空中（图c）。
6. 从最高点开始下落时，就要为落地做好准备。一旦双脚触地，屈踝、屈膝和屈髋。髋部向后，同时双臂向下、向后摆动。
7. 落地后，回到步骤2中的姿势，继续进行练习，直至完成规定的次数。

常见错误

- *膝关节内扣*。保持双膝与双脚方向一致。在动作过程中，有意地向外打开双膝。
- *未摆动双臂*。在动作过程中，注意检查双臂是否参与加速与减速的过程。双臂摆动有助于髋关节完全伸展，从而跳得更高。

深蹲跳

起始姿势

1. 双手置于头侧，双肘指向两侧。
2. 双脚间距等于或略大于肩宽。
3. 双脚向外打开约30度。
4. 保持脊柱中立。
5. 保持全脚掌触地：双脚平放在地面上，脚跟、脚掌和跨趾感到明显的压力。

变式起始姿势

1. 手持哑铃、壶铃或六角杠铃进行练习时，则双臂伸直并置于身体两侧（手持单个哑铃或壶铃进行练习时，可使用双手持器材抵在胸前的高脚杯姿势）。
2. 以杠铃或沙袋为负重进行练习时，则与深蹲时一样，让杠铃杆或沙袋紧贴在上背部和肩部。
3. 以弹力带为负重进行练习时，则将弹力带踩在双脚中央并将其绕过肩部和颈部后侧（图d）。

动作过程

1. 全身肌肉收紧，以保持脊柱中立，做好负重准备（图a）。
2. 在可控的状态下尽可能块地执行动作，下蹲的同时屈膝、屈髋。
3. 双膝与双脚脚尖方向一致，不要内扣。
4. 下蹲过程中，双脚始终平放在地面上且整体承压。
5. 保持脊柱自然中立的同时蹲得尽可能低，并保持踝关节、膝关节和髋关节对齐（图b）。
6. 下蹲至最低位置后，双脚立即发力蹬地，尽全力使身体向上运动。
7. 持续发力，直至髋关节和膝关节完全伸展，将力通过踝关节传递至脚掌，将身体推向空中（图c）。
8. 从空中最高点开始下降后，就要做好落地准备。双脚触地时，髋关节、膝关节和踝关节同时屈曲。
9. 落地后，回到步骤2中的姿势，继续进行练习，直至完成规定的次数。

变式动作过程

1. 添加的负荷不应影响任一阶段的身体姿势。
2. 当双手负重时，保持手臂伸直。当背部负重时，保持负重紧贴身体。

常见错误

- *蹲得不够低*。可以让搭档从侧面进行观察，确保自己下蹲至大腿与地面平行的位置。如果不能在保持脊柱中立的情况下蹲至规定位置，则在整个动作过程中，双膝尽可能向外打开。如果这样做无法纠正该问题，则应在保持脊柱中立的同时蹲得尽可能低。
- *膝关节内扣*。动作全程，注意保持双膝与双脚对齐。在上下运动的过程中，有意地将双膝向外打开有助于避免膝关节内扣。

四分之一蹲跳

起始姿势

1. 将双手置于头后。
2. 双脚分开，与肩或髋同宽，脚尖自然向前或微微外展。

变式起始姿势

1. 手持哑铃、壶铃或六角杠铃进行练习时，则双臂伸直并置于身体两侧（手持单个哑铃或壶铃进行练习时，可使用双手持器材抵在胸前的高脚杯姿势）。
2. 以杠铃或沙袋为负重进行练习时与深蹲时一样，让杠铃杆或沙袋紧贴在上背部和肩部。
3. 以弹力带为负重进行练习时，则将弹力带踩在双脚中央并将其绕过肩部和颈部后侧（图c）。

动作过程

1. 全身肌肉收紧，脊柱保持直立或微伸的自然中立姿势（不要弓背），做好负重准备。

2. 在可控的状态下尽可能块地执行动作，下蹲的同时屈膝、屈髋。

3. 臀部稍稍向后移动，双膝与双脚脚尖方向一致，不要内扣。

4. 下蹲时，膝关节屈曲不超过45度（图a）。

5. 下蹲过程中，双脚始终平放在地面上且整体承压。

6. 下蹲至最低位置后，双脚立即发力蹬地，尽全力使身体向上运动。

7. 持续发力，直至髋关节和膝关节完全伸展，将力通过踝关节传递至脚掌，将身体推向空中（图b）。

8. 从空中最高点开始下降后，就要做好落地准备。双脚触地时，髋关节、膝关节和踝关节同时屈曲。

9. 落地后，回到步骤2中的姿势，继续进行练习，直至完成规定的次数。

变式动作过程

1. 添加的负荷不应影响任一阶段的身体姿势。

2. 当双手负重时，保持手臂伸直。当背部负重时，保持负重紧贴身体。

常见错误

- *膝关节内扣*。动作全程，注意保持双膝与双脚对齐。在上下运动的过程中，有意地将双膝向外打开有助于避免膝关节内扣。

立定跳远

起始姿势

直立，双脚分开，与髋同宽。

动作过程

1. 在整个动作过程中，脊柱应保持直立或微伸的自然中立姿势（不要弓背）。
2. 将双手举过头顶，以便更有力地向下挥动。
3. 双手向下挥动，臀部向后移动，髋关节和膝关节微微屈曲（图a）。
4. 到达可以快速执行反向动作的最低舒适位置时，迅速停止下降动作。
5. 同时伸髋、伸膝，然后伸踝，驱动双脚发力蹬地并向上挥动手臂。通过这个有力的动作，整个身体跃起，与地面呈45度（图b）。
6. 从空中最高点开始下降后，就要做好落地准备。双脚触地时，髋关节、膝关节和踝关节同时屈曲，以吸收落地时产生的冲力（图c）。
7. 落地后，回到起始姿势，继续进行练习，直至完成规定的次数。

常见错误

- *膝关节内扣*。动作全程，注意保持双膝与双脚对齐。在上下运动的过程中，有意地将双膝向外打开有助于避免膝关节内扣。
- *双臂没有参与运动*。需要注意在下蹲和跳跃时通过挥动双臂来产生力。挥动双臂有助于髋关节完全伸展，从而跳得更高。
- *向前跳跃时双臂向后摆动*。需要注意让身体的各部分都朝着目标方向运动。

团身跳

起始姿势

双脚分开，与髋同宽，远离一切障碍物（图 a）。

动作过程

1. 在整个动作过程中，脊柱应保持直立或微伸的自然中立姿势（不要弓背）。

2. 同时伸髋、伸膝，然后伸踝，驱动双脚发力蹬地并向上挥动手臂。通过这个有力的动作，整个身体跃起（图 b）。

3. 身体跃起时，膝关节抬至大腿与地面平行的位置（图 c）。

4. 从空中最高点开始下降后，就要做好落地准备。双脚触地时，髋关节、膝关节和踝关节同时屈曲，为下一次跳跃做好准备。

5. 落地后，回到起始姿势，继续进行练习，直至完成规定的次数。

常见错误

- *膝关节内扣*。应保持双膝与双脚方向一致。

- *在地面上花费太多时间*。在做该练习时，应预判触地时间，从而在触地时尽可能快地再次跃起。

踝主导原地跳

起始姿势

1. 双脚分开，与髋同宽，远离一切障碍物。
2. 双肘屈曲约90度，保持在躯干侧后方，处于起跳准备姿势。

动作过程

1. 在整个动作过程中，脊柱应保持直立或微伸的自然中立姿势（不要弓背）。
2. 在动作过程中，腿部应保持伸直（图a）。
3. 双肘保持屈曲约90度，向前、向上摆动，直至双手与肩同高，同时脚掌发力蹬地，伸展踝关节，将身体推向空中。双手到达肩部高度时，应立即停止手臂运动，以更好地抬升身体，进而提升跳跃高度（注：图b并未完全呈现上述双臂和双脚姿势，但它们是该练习的重要组成部分。）
4. 从空中最高点开始下降后，就要做好落地准备。双脚触地时，髋关节、膝关节和踝关节同时屈曲，为下一次跳跃做好准备。
5. 脚掌发力蹬地的同时大幅度地重复手臂动作，以尽可能减少触地时间，跳得尽可能高。

常见错误

- *两次重复间的触地时间过长*。这会削弱训练的效果。不要在触地后才做出反应，而要做出预判。预判触地时间及立即反向运动所需的力、速度。时机很重要。
- *双臂没有参与运动*。一旦熟悉了下肢动作，双臂一定要参与到运动中。没有双臂的参与，将无法获得完整的训练效果。

爆发性垫步跳

起始姿势

进行垫步跳前，先向前走几步或慢跑几步。

动作过程

1. 在整个动作过程中，脊柱应保持直立或微伸的自然中立姿势（不要弓背）。

2. 下侧脚发力蹬地，向上、向前推动身体，以执行跨步跳动作。

3. 下侧脚发力蹬地时，快速向上、向前提对侧膝，直至大腿与地面平行（图a）。

4. 提膝的同时，手臂像跑步时那样摆动（例如，左膝向前时，右臂向前）。

5. 手臂向前摆动时，手肘应屈曲约90度。手到达肩部高度时，立即停止摆动。

6. 触地后，两侧手、腿交替（图b）。

7. 下侧脚发力蹬地时，应执行一个短促的跳步，以为后续向上、向前的推进做好准备（图 c）。在一次重复中，每只脚将与地面接触2次。

8. 下侧脚第2次接触地面时，从第2步开始重复练习。

常见错误

- *向前运动的幅度不够。*应尽量向上、向前推动身体，运动方向与地面的夹角约为45度。 执行动作时，在空中的时间尽可能长。

跨步跳

起始姿势

进行跨步跳前，先向前走几步或慢跑几步。

动作过程

1. 在整个动作过程中，脊柱应保持直立或微伸的自然中立姿势（不要弓背）。

2. 下侧脚发力蹬地，向上、向前推动身体，以执行跨步跳动作（图a）。

3. 下侧脚发力蹬地时，快速向上、向前提对侧膝，尽可能提至大腿与地面平行的位置（图 b）。

4. 向上、向前快速提膝时，手臂配合摆动，来创造向前、向上的动力。

5. 手臂向前摆动时，手肘应屈曲约90度。手到达肩部高度时，立即停止摆动。

6. 以上三个动作应同时执行，以保证单脚触地后，双腿交替，进行下一次重复之前，在空中的时间尽可能长（图c）。

常见错误

- *将该练习变成垫步跳*。双脚交替前，每只脚只接触地面1次。

- *将该练习变成跑步*。确保执行动作时，身体既要向前也要向上推进，以便两次触地间身体在空中停留一定的时间。向上的力度要大一些。

侧向跨步跳

起始姿势

以半蹲姿势开始，在跳跃方向一侧的脚稍稍抬离地面。

动作过程

1. 在整个动作过程中，脊柱应保持直立或微伸的自然中立姿势（不要弓背）。
2. 下侧脚发力蹬地，尤其是脚内侧发力，向上、向前推动身体，以执行跨步跳动作。
3. 内侧腿向上、向一侧摆动，快速移动膝盖。以更好地产生动力。
4. 下侧脚发力蹬地，内侧腿向上、向一侧摆动时，双臂向跳跃方向摆动，以便更好地推进身体（图a）。
5. 以上三个动作应同时执行，以保证单脚触地后，双腿交替，进行下一次重复之前，在空中的时间尽可能长（图b）。

常见错误

- *身体由一侧向另一侧坠，而非跨步跳*。注意向上、向一侧推动身体，而不仅仅是向一侧。此外，应注意尽可能跳得高且远，要做到这一点，需要从地面向斜上45度方向推进。

药球铲式抛投

起始姿势

1. 确保头顶没有障碍物。

2. 双脚分开，与肩同宽（或足以将药球置于双腿之间），双脚朝前或微微外展。

3. 将药球置于身体前方，手臂伸直，使药球仿佛悬挂于地面上方（图a）。

4. 双手应置于药球侧面，略低于球中线，使药球处于便于上抛的位置。

动作过程

1. 在整个动作过程中，脊柱应保持直立或微伸的自然中立姿势（不要弓背）。

2. 向后屈髋，同时稍稍屈膝，让药球在双腿间朝地面下降（图b）。有控制且尽可能快地下降药球，然后执行反向动作。

3. 一旦下降至肩部高于髋部、髋部高于膝盖的舒适位置时，停止快速下降的动作。

4. 一旦下降动作停止，双脚发力蹬地，髋关节、膝关节和踝关节快速伸展。

5. 髋关节、膝关节和踝关节迅速伸展的同时，躯干与药球向上运动。动作全程，保持手臂伸直。

6. 让三关节伸展产生的动力，通过双臂传递到药球上，在到达向上运动的最高点，无法再给药球传递力时，将药球抛出（图c）。

7. 抛球过程中产生的动力也会使身体离开地面（图c）。

8. 当药球从空中开始下降时，注意不要被药球砸到。

9. 不要试图接住药球，而是让其自由落地。

常见错误

■ *下降过程中没有向后屈髋*。应注意向后屈髋。尽管只进行屈膝动作可以使自己更易保持底部姿势，或更易看到头顶情况，但髋关节的参与减少，产生的力就会减小，进而削弱训练效果。

替代练习

纵跳是该练习的一个简单的替代性练习。

悬垂低位发力拉

起始姿势

1. 双手正握杠铃杆。手距离杠铃杆的光滑部分约一个大拇指的长度。双手压在杠铃杆的滚花上且在大腿外侧。

2. 杠铃杆应与大腿接触，但不能放在大腿上。

3. 双脚分开，与髋或与肩同宽。脚尖朝前或略微外展。

4. 微微屈膝，向后屈髋，让杠铃杆沿着大腿向下移动。双臂始终伸直。

5. 在整个动作过程中，脊柱应保持直立或微伸的自然中立姿势（不要弓背）。

6. 当杠铃杆到达略高于膝盖的位置（图a），停止下降动作。

7. 动作全程，双脚应平放在地面上且整体承压。

变式起始姿势

可以用与持握杠铃杆相似的方式持握哑铃或沙袋。使用壶铃或六角杠铃时，应将双臂置于体侧。

动作过程

1. 躯干收紧，双臂伸直，双脚发力蹬地，全力伸展髋关节、膝关节及踝关节。

2. 在整个动作过程中，脊柱应保持直立或微伸的自然中立姿势（不要弓背）。

3. 杠铃杆应尽可能贴近大腿，但不能产生任何摩擦，因为摩擦会增加阻力，导致速度减慢。

4. 髋关节、膝关节及踝关节完全伸展后，用力耸肩，使肩部笔直向上，使杠铃保持在轨迹上（图 b）。

5. 如果执行该动作时，身体会离开地面，则需要注意落地动作，并考虑增加少量负重。不过，该现象仍是很好的动作反馈。

6. 当完成各个关节伸展及耸肩后，身体会因重力的影响而立即下落。

7. 预判身体及杠铃下落的时机，一旦开始下落，为触地时向后屈髋并屈膝做好准备。

8. 杠铃停稳后，回到起始姿势，执行该练习至规定的次数。

变式动作过程

除了起始姿势中负重位置有变化外，其余过程不变。

常见错误

■ *初次下降时没有向后屈髋*。应注意向后屈髋。尽管只进行屈膝动作可以使自己更易保持底部姿势，但髋关节的参与减少，产生的力就会减小，进而削弱训练效果。

第 15 章

下肢拉类练习

　　下肢拉类练习能够直接提升士兵3RM六角杠铃硬拉测试的成绩，也可能对其站姿后抛药球测试、单杠提膝触肘测试、冲刺-拖拉-搬运测试及2英里跑测试的表现产生积极影响。硬拉和罗马尼亚硬拉练习能够增强士兵的腿部、背部和抓握力量，而针对腘绳肌的练习，如仰卧腿弯举、臀腿和臀桥，可以增强士兵下肢后侧肌肉的力量与耐力。需要注意的是，对于硬拉及罗马尼亚硬拉练习来说，并非所有士兵都适合使用像轮胎与木桶等的非常规器材来代替传统训练器材进行训练。因为从地面拿起这些非常规器材本身就需要技巧，这要求士兵具备保持正确动作模式的能力。因此，训练计划中的练习及所推荐的变式通常采用常见器材，如杠铃、壶铃、哑铃、悬吊训练器、弹力带、沙袋，或以自重为负荷。

下肢拉类练习速查

替代性下肢拉类练习

　　第12章的训练计划所包含的下肢拉练习应为士兵的首选练习，因为这些练习与陆军战斗体能测试相关。如果士兵没有首选练习所需的器材，那么就要选择替代性练习。士兵可从表15.1的最上面一行找到想要替换的首选练习。需要注意的是，这些练习的名称中可能并未包含所使用的器材。接下来，士兵可从表15.1的最左列找到可使用的器材。士兵需要的替代性练习，在想要替换的首选练习所在的列与可使用的器材所在的行相交的单元格中。请选择能最大限度地模拟第12章训练计划中的首选练习的姿势、动作模式和负荷水平的替代性练习。注意，首选练习不一定有使用某一种器材的替代性练习，但一定有使用自重的替代性练习。因此，士兵没有理由完全忽略训练计划所包含的某个练习。

表15.1　替代性下肢拉类练习

	硬拉	相扑式硬拉	六角杠铃硬拉	罗马尼亚硬拉	单腿罗马尼亚硬拉	瑞士球腿弯举	器材臀腿起身	臀腿起身	臀桥
六角杠铃	硬拉	硬拉	硬拉	罗马尼亚硬拉	单腿罗马尼亚硬拉				
杠铃	硬拉	相扑式硬拉	硬拉	罗马尼亚硬拉	单腿罗马尼亚硬拉				
哑铃	硬拉	相扑式硬拉	硬拉	罗马尼亚硬拉	单腿罗马尼亚硬拉				
壶铃	硬拉	相扑式硬拉	硬拉	罗马尼亚硬拉	单腿罗马尼亚硬拉				
沙袋	硬拉	相扑式硬拉	硬拉	罗马尼亚硬拉	单腿罗马尼亚硬拉				
弹力带	硬拉	相扑式硬拉	硬拉	罗马尼亚硬拉	单腿罗马尼亚硬拉				
悬吊训练器	单腿深蹲	单腿深蹲	单腿深蹲	臀桥	单腿臀桥	腿弯举	腿弯举	腿弯举	臀桥
自重	单腿深蹲	单腿深蹲	单腿深蹲	臀桥	单腿臀桥	臀腿起身	臀腿起身	臀腿起身	臀桥

臀腿起身

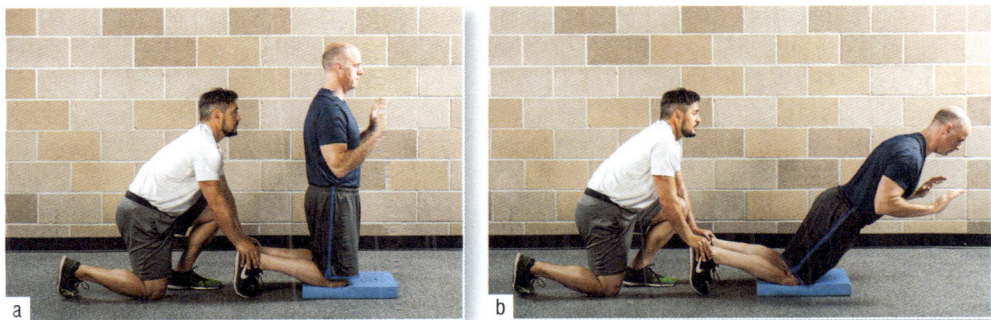

起始姿势

1. 跪于平衡垫或柔软的垫子上，以防膝盖在训练期间产生不适感。
2. 将双脚固定在架子的滚轴垫下或稳定且有衬垫的杠铃杆下，也可以让搭档将双脚固定在地面上。
3. 放置好双脚后，伸展髋关节。身体从膝盖到头顶呈一条直线，大腿及躯干垂直于地面。
4. 双肘屈曲，双手与胸部同高，尽可能靠近躯干（图a）。该姿势允许双手在有需要时辅助起身。

动作过程

1. 臀部收紧，大腿与躯干在一条直线上，身体缓慢地向前、向下移动，逐渐接近地面（图b），使膝关节逐渐伸展。
2. 身体有控制地匀速下降，确保身体经过3~4秒的时间才接触地面。
3. 身体接触地面后，脚跟发力，上顶滚轴垫或搭档的双手，收紧腘绳肌，通过屈曲膝关节，将身体拉回至起始位置。
4. 动作全程，保持大腿与躯干在一条直线上。
5. 起身时，双手轻轻推离地面即可。经过一定时间的训练，应减少或取消双手的辅助。但在刚开始进行训练时，往往需要双手进行辅助。

常见错误

- *动作开始时髋关节屈曲*。注意向前顶髋，就像将自己推离器材或搭档。
- *回到起始姿势时先屈髋*。应全程保持大腿与躯干在一条直线上。想要降低训练难度，不应通过屈髋，而应通过双手的辅助。力量增加后，应取消双手的辅助，从而完成标准的训练。

硬拉

起始姿势

1. 双脚间距在肩宽至髋宽之间。双脚可以笔直向前，也可以外展约15度。
2. 将杠铃杆置于双脚上方距离小腿约1英寸（3厘米）的位置。
3. 双手握距略宽于站距，手臂伸直且位于双膝外侧。
4. 握住杠铃杆，屈髋屈膝，进入底部（起始）姿势（图a）。
   - 肩部位于杠铃杆正上方。
   - 臀部位置取决于体形，但通常高于膝盖，低于肩部。
   - 脊柱保持直立或微伸的自然中立姿势（不要弓背）。
   - 杠铃杆位于双脚之上，几乎触及小腿。
   - 双脚平放在地面上。

变式起始姿势

1. 使用壶铃、哑铃及沙袋进行练习时，需要调整握距。此外，由于上述器材的把手更靠近地面，起始时，应蹲得更低。改变起始姿势不应影响脊柱中立，因此，可根据需要将器材放在较高的平面上，以便能够安全地使用这些器材。在使用单个壶铃、哑铃或沙袋时，应直接将器材放于双脚之间（图c）；在使用两个器材时，将器材置于双脚的外侧，同时将站距调窄。
2. 使用弹力带进行练习时，将弹力带套在双脚的下方，其余的姿势不变。调整持握位置，以调整阻力大小，确保弹力带在顶部或锁定位置时阻力最大。

动作过程

1. 通过收紧背阔肌和双脚发力蹬地，完成预收紧。也可通过从顶部位置下放杠铃至起始位

置，收紧身体，完成预收紧。完成预收紧时，应该能听到杠铃杆向上触碰杠铃片而产生的轻微响声。

2. 脊柱保持直立或微伸的自然中立姿势（不要弓背），双脚用力蹬地，让臀部、肩部及杠铃以相同的速度抬升，直至杠铃杆越过膝盖。

3. 在不产生摩擦的前提下，杠铃杆应尽可能靠近腿部。

4. 当杠铃杆越过双膝后，继续伸髋，直至完全直立（图 b）。

5. 沿着完全相同的轨迹执行反向动作，将杠铃放回地面。

变式动作过程

使用两个哑铃（或壶铃）或一个哑铃进行硬拉时，为了保持脊柱中立，可能无法将器材下放回地面（图 d）。请尽量达到与杠铃硬拉相同的动作幅度。

常见错误

- *弓背*。
  - □ 注意收紧背部。
  - □ 注意保持全脚掌发力（需特别注意脚跟蹬地）。
  - □ 做好预收紧，或注意保持全身收紧。
- *试图在动作开始时猛然发力将杠铃拉离地面*。注意进行预收紧并在拉杠铃杆时保持全身收紧。
- *臀部的抬升速度快于杠铃及肩部的抬升速度*。将注意力集中在收紧全身及蹬地发力上，而非在将杠铃拉起来上。
- *没有通过向后屈髋来下放杠铃*。要解决这个问题，只需在下放杠铃时注意向后屈髋即可。需特别注意的是，在下放杠铃的过程中，动作不要变形。

相扑式硬拉

起始姿势

1. 双脚分开，略宽于肩。

2. 双脚外展15~30度。

3. 将杠铃杆置于双脚上方，注意使杠铃杆贴近小腿，但不要靠在小腿上。

4. 双手位于双腿内侧，握在杠铃压花（压花处有利于抓握）的边缘，注意双手不要靠得太近。一般来说，双手应位于双肩下方。

5. 握住杠铃杆，屈髋屈膝下蹲，膝关节向外打开，进入底部（起始）姿势（图a）。

   □ 膝关节应与踝关节或脚跟对齐。

   □ 小腿应保持竖直（垂直于地面）。

   □ 肩部应位于杠铃杆正上方。

   □ 臀部位置取决于体形，但通常高于膝盖，低于肩部。

   □ 脊柱保持直立或微伸的自然中立姿势（不要弓背）。

   □ 双脚平放在地面上。

变式起始姿势

1. 使用壶铃、哑铃及沙袋进行练习时，需要调整握距。此外，由于上述器材的把手更靠近地面，起始时，应蹲得更低。改变起始姿势不应影响脊柱中立，因此，可根据需要将器材放在较高的平面上，以便能够安全地使用这些器材。

2. 使用弹力带进行练习时，将弹力带套在双脚的下方，其余的姿势不变。调整持握位置，以调整阻力大小，确保弹力带在顶部或锁定位置时阻力最大。

动作过程

1. 通过收紧背阔肌和双脚发力蹬地，完成预收紧。也可通过从顶部位置下放杠铃至起始位置，收紧身体，完成预收紧。完成预收紧时，应该能听到杠铃杆向上触碰杠铃片而产生的轻微响声。

2. 脊柱保持直立或微伸的自然中立姿势（不要弓背），双脚用力蹬地，让臀部、肩部及杠铃以相同的速度抬升，直至杠铃杆越过膝盖。

3. 在不产生摩擦的前提下，杠铃杆应尽可能靠近腿部。

4. 当杠铃杆越过双膝后，继续伸髋，直至完全直立（图 b）。

5. 沿着完全相同的轨迹执行反向动作，将杠铃放回地面。

变式动作过程

使用两个哑铃或壶铃进行硬拉时，为了保持脊柱中立，可能无法将器材下放回地面。请尽量达到与杠铃相扑式硬拉相同的动作幅度。

常见错误

- *弓背*。
  - □ 注意收紧背部。
  - □ 注意保持全脚掌发力（需特别注意脚跟蹬地）。
  - □ 做好预收紧，或注意保持全身收紧。
- *试图在动作开始时猛然发力将杠铃拉离地面*。注意进行预收紧并在拉杠铃杆时保持全身收紧。
- *臀部的抬升速度快于杠铃及肩部的抬升速度*。将注意力集中在收紧全身及蹬地发力上，而非在将杠铃拉起来上。
- *没有通过向后屈髋来下放杠铃*。要解决这个问题，只需在下放杠铃时注意向后屈髋即可。需特别注意的是，在下放杠铃的过程中，动作不要变形。
- *起始时蹲得太低*。起始时，确保臀部高于膝盖。

六角杠铃硬拉

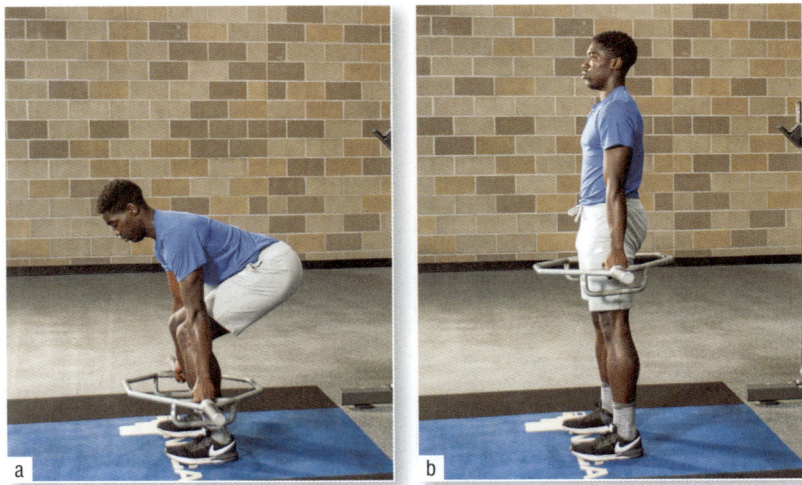

虽然该练习与硬拉非常相似，但因为它是美国陆军战斗体能测试科目之一，所以在此将对它进行详细的单独介绍。

起始姿势

1. 站在杠铃中间。

2. 脚中部（系鞋带的地方）与杠铃套的中心对齐。

3. 双脚间距在肩宽至髋宽之间。

4. 双脚可以笔直向前，也可以外展约15度。

5. 双手持握把手，使双手与杠铃套的中心对齐（这一点经常被忽视）。

6. 握住杠铃杆，屈髋屈膝，进入起始姿势，全身收紧。听到杠铃杆向上触碰杠铃片而产生的轻微响声时，完成预收紧。

7. 臀部位置取决于体形，但通常高于膝盖，低于肩部。

8. 脊柱保持直立或微伸的自然中立姿势（不要弓背）。

9. 双脚平放在地面上，全脚掌蹬地发力。

动作过程

1. 通过收紧背阔肌和双脚发力蹬地，完成预收紧（图a）。在起始姿势部分，这一点已被提到，但开始执行动作后，这一点常常被忽视，但这一点非常有用，因此，在这里再次进行提醒。

2. 脊柱保持直立或微伸的自然中立姿势（不要弓背），双脚用力蹬地，让臀部、肩部及杠铃以相同的速度抬升，直至杠铃杆越过膝盖。

3. 杠铃应沿直线向上移动，直至髋关节与膝关节完全伸展，身体完全直立（图b）。

4. 在反向下降过程中，请沿着完全相同的轨迹——向后屈髋下放杠铃，使其回落至地面。

常见错误

- *弓背*。
  - 注意收紧背部。
  - 注意保持全脚掌发力（需特别注意脚跟蹬地）。
  - 做好预收紧，或注意保持全身收紧。
- *试图在动作开始时猛然发力将杠铃拉离地面*。注意进行预收紧并在拉杠铃杠时保持全身收紧。
- *臀部的抬升速度快于杠铃及肩部的抬升速度*。将注意力集中在收紧全身及蹬地发力上，而非在将杠铃拉起来上。
- *没有通过向后屈髋来下放杠铃*。要解决这个问题，只需在下放杠铃时注意向后屈髋即可。需特别注意的是，在下放杠铃的过程中，动作不要变形。

罗马尼亚硬拉

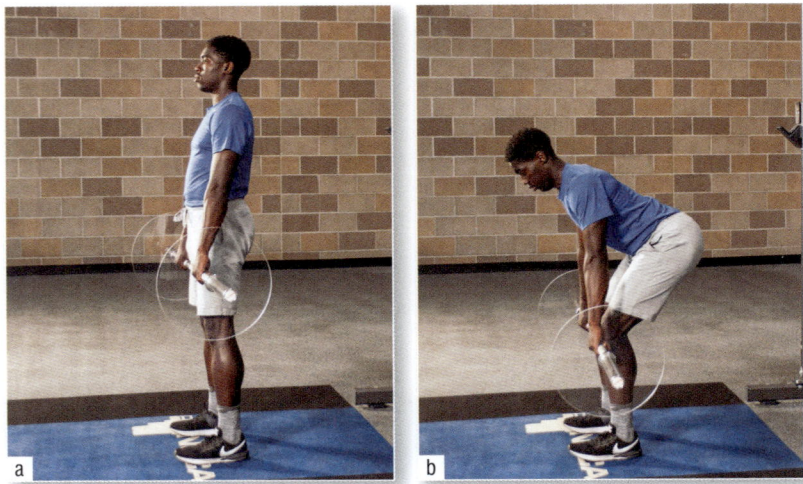

起始姿势

1. 双手握杠铃杆于大腿外侧，距离大腿侧面一根拇指的长度。

2. 双脚间距在肩宽至髋宽之间。双脚中立或稍微外展。

3. 微微屈膝。

4. 脊柱保持直立或微伸的自然中立姿势（不要弓背）。

5. 双脚平放在地面上，全脚掌蹬地发力。

变式起始姿势

1. 进行任何变式练习时，站姿都保持不变。在身体两侧持握壶铃、哑铃或弹力带，使器材的重心尽可能接近人体重心。

2. 使用弹力带进行练习时，需将弹力带套在双脚的下方，其余的姿势不变。调整持握位置，以调整阻力大小，确保弹力带在顶部或锁定位置时阻力最大。

动作过程

1. 通过夹紧上臂来收紧背部，就像试图用上臂挡住腋窝一样（图 a）。

2. 脊柱保持直立或微伸的自然中立姿势（不要弓背），向后屈髋。

3. 屈髋的同时，让杠铃杆沿腿部前侧下移。

4. 动作全程保持微微屈膝，髋关节主导大部分运动。

5. 身体重心应移向脚跟，但要确保全脚掌发力蹬地，踇趾踩在地上。

6. 保持脊柱自然中立，让杠铃杆继续沿着腿部下移，直至腘绳肌或腿部后侧有牵拉感（图 b）。

7. 感觉到牵拉感后，双脚发力蹬地，伸髋，直至完全直立。

常见错误

- *弓背*。
    - □ 注意收紧背部。
    - □ 注意保持全脚掌发力（需特别注意脚跟蹬地）。
    - □ 调整动作。一定要向后屈髋，而非只是向前俯身。
- *杠铃下放过低*。杠铃下放过低可能导致弓背。感觉到牵拉感时，停止下放。任何超出范围的运动都可能是脊柱屈曲的结果。
- *膝关节过度屈曲*。向后屈髋，而非下蹲。请勿过度屈曲膝关节。微微屈膝有助于士兵使用更大的重量进行训练，或感到训练难度降低。
- *杠铃杆远离腿部*。开始执行动作时，请向后屈髋。

单腿罗马尼亚硬拉

起始姿势

1. 双手握杠铃杆于大腿外侧，距离大腿侧面一根拇指的长度。

2. 单腿支撑，脚中立或稍微外展。

3. 微微屈膝。

4. 脊柱保持直立或微伸的自然中立姿势（不要弓背）。

5. 支撑脚平放在地面上，全脚掌蹬地发力（图a）。

变式起始姿势

1. 进行任何变式练习时，站姿都保持不变。在身体两侧持握壶铃、哑铃或弹力带，使器材的重心尽可能接近人体重心。

2. 使用弹力带进行练习时，需将弹力带套在支撑脚的下方，其余的姿势不变。调整持握位置，以调整阻力大小，确保弹力带在顶部或锁定位置时阻力最大。

3. 仅用一只手持握器材时，将器材置于非支撑腿侧。

动作过程

1. 脊柱保持直立或微伸的自然中立姿势（不要弓背），支撑侧向后屈髋，对侧腿与躯干在一条直线上。

2. 支撑侧向后屈髋时，杠铃杆应沿着腿部前侧向下移动，动作全程保持手臂伸展。

3. 动作全程，支撑侧保持微微屈膝，髋关节主导大部分运动。

4. 身体重心应移向脚跟，但要确保全脚掌发力蹬地，跨趾踩在地上。

5. 保持脊柱自然中立，让杠铃杆继续沿着腿部下移，直至支撑腿腘绳肌或后侧有牵拉感（图b）。

6. 感觉到牵拉感后，支撑脚发力蹬地，伸髋，直至完全直立。动作全程，支撑侧保持微微屈膝。

7. 一侧完成规定的次数后，换对侧重复。

变式动作过程

单侧负重时，动作模式不应改变，因此要克服躯干向远离负重的一侧旋转的倾向。

常见错误

- *弓背*。
  - 注意保持全脚掌发力（需特别注意脚跟蹬地）。
  - 调整动作。一定要向后屈髋，而非只是向前俯身。
- *杠铃下放过低*。杠铃下放过低可能导致弓背。感觉到牵拉感时，停止下放。任何超出范围的运动都可能是脊柱屈曲的结果。
- *膝关节过度屈曲*。向后屈髋，而非下蹲。请勿过度屈曲膝关节。微微屈膝有助于士兵使用更大的重量进行训练，或感到训练难度降低。

瑞士球腿弯举

起始姿势

1. 仰卧于地上。
2. 将脚跟及小腿放在瑞士球的上方。
3. 将手臂平放在地上，使其与躯干的夹角为45~90度。
4. 脚跟及小腿用力压球，使髋关节伸展。此时，脚踝、膝盖、髋部及肩部应在一条直线上（图a）。

变式起始姿势

1. 可将脚跟置于离地面12英寸（30厘米）的悬吊训练器把手上或滑块上，甚至是放置在光滑表面（如健身房地板）上的毛巾上（图c和图d）。
2. 如果进行单腿练习，保持两侧髋部等高，非练习腿笔直伸向空中。

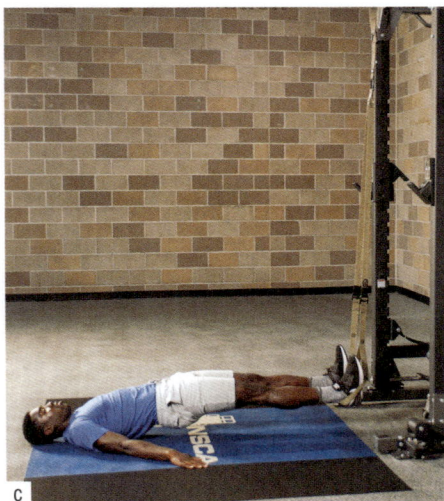

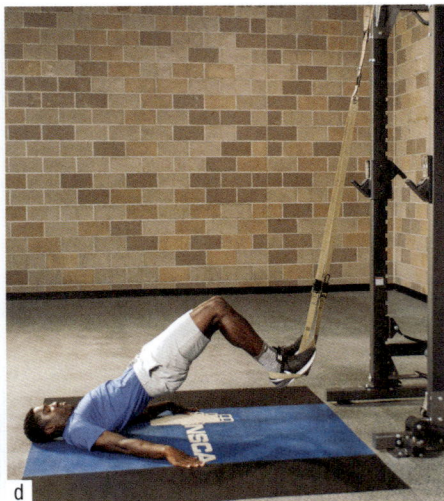

动作过程

1. 脚跟及小腿用力压球，膝关节屈曲，使球朝躯干方向滚动。

2. 使球滚至小腿几乎垂直于地面或无法再滚动。

3. 随着球滚向躯干，身体应上抬且全程保持膝盖、髋部及肩部在一条直线上（图b）。

变式动作过程

使用悬吊训练器进行练习的过程与使用瑞士球进行练习的过程相似。

常见错误

- *通过屈髋来使球滚动。*
  - □ 注意脚跟用力压球，以上抬身体，而不仅仅是使球滚向自己。
  - □ 动作全程保持臀部收紧，以避免屈髋。

器材臀腿起身

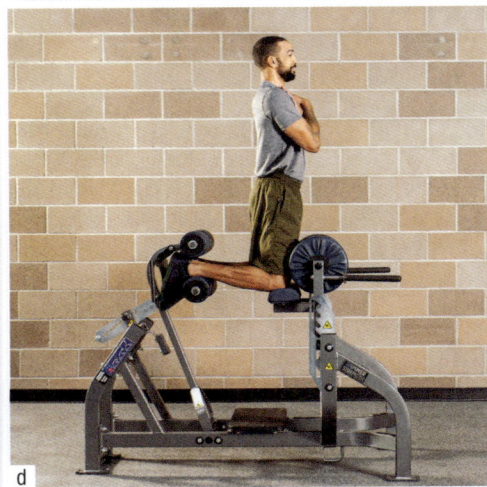

起始姿势

1. 调整好臀腿起身训练器：在双膝接触垫子的前提下，双脚尽可能远离膝盖位置的垫子，以避免滑出。

2. 以上半身直立为起始姿势，此时大腿与躯干在一条直线上并垂直于地面（图a）。

3. 如果使用负重，请让负重靠近躯干。

动作过程

1. 收紧臀部，使大腿与躯干保持在一条直线上。伸膝，让身体逐渐向前、向下移动。

2. 当躯干与地面平行，无法再伸膝时，开始屈髋，直至头朝下，躯干垂直于地面（图b）。

3. 到达底部位置后，流畅地执行反向动作。先伸髋，直至躯干与地面平行（图c）。后屈膝，使身体恢复最初的直立姿势，躯干与大腿在一条直线上（图d）。

常见错误

- *一开始就屈髋*。注意向垫子方向顶髋，就像要将自己推离训练器一样。

- *执行反向动作时先屈膝*。

  - 在身体回到与地面平行的位置前不要屈膝。

  - 如果士兵必须先屈膝才能回到起始姿势，那么该练习对士兵来说可能难度过大。士兵可以先以只执行离心动作（向下运动）的方式进行练习，待力量提升后再进行完整的练习；也可以用瑞士球腿弯举来代替该练习。

臀桥

起始姿势

1. 仰卧于地上，双膝屈曲，双脚平放在地上。
2. 双脚间距约12英寸（30厘米），略大于双膝间距，略小于髋宽。
3. 头部应放松地置于地上，手臂与躯干的夹角不超过45度（图a）。

变式起始姿势

1. 如果将双脚置于悬吊训练器的把手上，那么把手应离地约12英寸（30厘米）。
2. 增加训练难度：将双脚置于瑞士球上；将杠铃（图c）、壶铃或哑铃置于髋部，以增加负重；以单腿练习代替双腿练习；将上背部置于训练凳上。
3. 如果以弹力带为负重进行练习，应将弹力带绕在髋部前侧，并将弹力带固定在身体两侧。

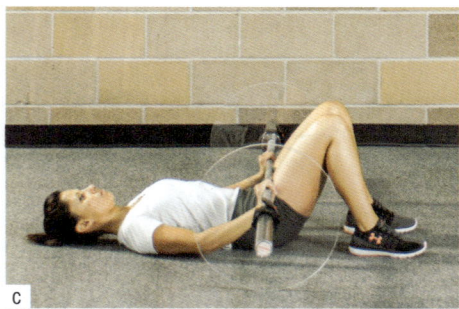
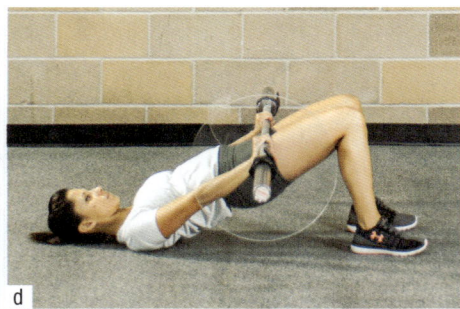

动作过程

1. 脚跟发力蹬地，髋部上顶，直至身体锁定在顶部位置（图b）。

2. 在顶部位置，保持臀部和腹部收紧，避免下背部过度拱起。

3. 脚应与同侧髋部的侧面在一条直线上。

4. 有控制地下放髋部，将髋关节想象成正在合拢的铰链。

变式动作过程

如果将双脚置于瑞士球上或悬吊训练器的把手上，那么动作全程必须保持双脚位置不变。执行变式练习时，双膝应保持屈曲90度（图d）。

常见错误

- *背部过度拱起*。训练时，应以髋关节主导运动，并在整个过程中保持腹部收紧。动作全程，应该看不到自己的肋骨。

- *膝盖向外摆动*。脚、膝盖与髋部应在一条直线上。双腿可轻轻夹一个药球或大小与之相似的物体，以避免膝盖向外摆动。

下肢推类练习

　　深蹲与弓步能够提升腿部力量与肌肉耐力，具体取决于训练量及训练强度。这两个练习能够直接提升士兵3RM六角杠铃硬拉测试、站姿后抛药球测试及冲刺–拖拉–搬运测试的成绩，也能为提升2英里跑测试的成绩提供强有力的支持。在没有杠铃及深蹲架的情况下，可将单腿变式练习及弓步变式练习作为深蹲及硬拉的替代练习。虽然通常使用哑铃及杠铃完成这些练习，但在没有这些传统器材的情况下，也可以将壶铃及其他负重器材作为替代。

下肢推类练习速查

替代性下肢推类练习

　　第12章的训练计划所包含的下肢推类练习应为士兵的首选练习，因为这些练习与陆军战斗体能测试相关。如果士兵没有首选练习所需的器材，那么就要选择替代性练习。士兵可从表16.1的最上面一行找到想要替换的首选练习。需要注意的是，这些练习的名称中可能并未包含所使用的器材。接下来，士兵可从表16.1的最左列找到可使用的器材。最后，士兵可以在想要替换的首选练习所在的列与可使用的器材所在的行相交的单元格中，找到需要的替代性练习。请选择能最大限度地模拟第12章训练计划中的首选练习的姿势、动作模式和负荷水平的替代性练习。注意，首选练习不一定有使用某一种器材的替代性练习，但一定有使用自重的替代性练习。因此，士兵没有理由完全忽略训练计划所包含的某个练习。

表16.1　替代性下肢推类练习

	深蹲	保加利亚分腿蹲	后弓步	弓步走	前弓步	侧弓步
六角杠铃			↑	↑	↑	
杠铃	↑	↑				↑
哑铃			后弓步	弓步走	前弓步	
壶铃	深蹲					侧弓步
沙袋		保加利亚分腿蹲				
弹力带	↓		↓	↓	↓	↓
悬吊训练器	↑	↓				
自重	单腿深蹲		后弓步	弓步走	前弓步	侧弓步

下肢推类练习增加负重或阻力的方法

图16.1a至图16.1k展示了使用可用器材来为下肢推类练习增加负重或阻力的方法。对于很多下肢推类练习来说，士兵都可以使用多种（如果不是全部）负重方式。请选择能够使自身所承受的阻力最大化的负重方式，来完成训练计划规定的次数。

图16.1 a. 将杠铃置于上背部；b. 将杠铃置于肩部前侧，双臂接近平行；c. 将杠铃置于肩部前侧，双臂交叠；d. 将壶铃置于肩部前侧（前架位）

图16.1（续） e. 以高脚杯姿势持握壶铃；f. 以高脚杯姿势持握哑铃；g. 将哑铃置于肩上；h. 将沙袋置于上背部

图16.1（续） i. 将沙袋置于肩部前侧；j. 在深蹲起始姿势中弹力带的放置方式；k. 在单腿深蹲或弓步（所有变式）中弹力带的放置方式

深蹲

起始姿势

1. 将杠铃杆放在深蹲架上的合适位置（虽然上图中未显示，但这一步是必要的），使得自己只需稍微下蹲就可以站在杠铃杆的下方。不能将杠铃杆放在自己必须踮脚才能将杠铃杆从深蹲架上取下的高度。

2. 面向杠铃杆和深蹲架。持握杠铃时，双手应位于双肩的外侧，同时在确保握距符合自身活动度和舒适性的前提下，尽可能地减小握距。

3. 站在杠铃杆下方，确保身体处于杠铃杆的中部。

4. 将杠铃杆置于肩上或背部，斜方肌与三角肌后束形成的天然凹槽处（放置杠铃杆的最佳位置因训练目的及个体差异的不同而不同，但最常用的方式是运动员深蹲的方式）。

5. 将杠铃杆从深蹲架上扛起之前，应确保双脚都处于杠铃杆的下方。

6. 全身发力收紧，做好从深蹲架上扛起杠铃杆的准备。接着从深蹲架上扛起杠铃杆，并尽可能向后多退几步，以避免运动过程中杠铃碰到深蹲架（上图拍摄于深蹲架外，以清楚地展示起始姿势）。

7. 双脚间距等于或略大于肩宽。

8. 双脚应外展30度左右。

9. 脊柱保持直立或微伸的自然中立姿势（不要弓背）。

10. 双脚平放在地上且整体承压。

变式起始姿势

1. 可以用高脚杯姿势持握一个壶铃，也可以用前架位姿势持握两个壶铃，还可以在身体的两侧直臂持握壶铃。

2. 可以用高脚杯姿势持握一个哑铃，也可以用前架位姿势持握两个哑铃，还可以将两个哑铃置于身体前侧。

3. 可以用前架位姿势持握杠铃。

4. 以沙袋为负重时，可以使用前架位姿势或将其置于背部。

5. 可以将弹力带固定在双脚中部下方，并将其绕过肩部及颈部后方。

动作过程

1. 全身发力收紧，做好支撑杠铃的准备。脊柱保持直立或微伸的自然中立姿势（不要弓背）（图a）。

2. 下蹲时，同时屈髋屈膝，臀部向后。

3. 双膝应与双脚方向一致，注意不要内扣。

4. 双脚始终平放在地上且整体承压。

5. 确保动作不变形、脊柱中立的前提下蹲得尽可能低，同时注意髋、膝、踝对位（图b）。

6. 到达底部位置后，双脚发力蹬地，向上推动身体，直至髋关节与膝关节完全伸展，回到起始姿势。

变式动作过程

进行变式练习时，除了持握器材的方式不同外，其余过程没有变化。例如，用前架位姿势持握杠铃时，双肘应保持抬高，以便肩部牢牢地撑住杠铃。

常见错误

- *蹲得不够低*。让搭档从侧面观察自己，确保自己蹲得足够低，至少到达大腿与地面平行的位置。
  - □ 如果不能在保持脊柱中立的情况蹲得足够低，那么动作全程，要有意识地努力将双膝外展。
  - □ 如果有意识地外展双膝也不能解决问题，那么应该在保持脊柱中立的前提下，让自己蹲得尽可能低。
- *蹲得太低，动作变形*。
  - □ 确保上背部或下背部没有拱起，确保踝关节、膝关节及髋关节对位。
  - □ 调整下蹲高度，阻止该问题的发生。
- *脚跟离开地面*。
  - □ 下蹲时，尝试稍微向后坐。
  - □ 在下蹲和站起的过程中，全脚掌发力蹬地。动作全程，让脚跟承受更多的压力，有助于解决该问题。
- *臀部上抬过快*。
  - □ 注意在站起过程中，将整个身体推离地面。
  - □ 在站起过程中，注意挺胸。

单腿深蹲

起始姿势

1. 使用一个能让自己在坐下时大腿中线与地面平行的跳箱或训练凳。

2. 背向跳箱或训练凳，站在距离其1~2只鞋长的地方。与跳箱或训练凳的合适距离可能因人而异，但上述距离适用于大多数人。

3. 双脚分开，与髋同宽，脚尖指向前方。

变式起始姿势

1. 在没有跳箱或训练凳的情况下，任何与膝盖同高的固定物体均可作为替代物。

2. 在没有跳箱或训练凳的情况下，也可以使用悬吊训练器或弹力带来进行辅助，悬吊训练器的把手或弹力带的一端应与胸部同高（图c）。

动作过程

1. 将一只脚抬离地面，腿伸直并稍微向前伸（图 a）。
2. 踩在地面上的脚应保持整体承压并发力蹬地。
3. 支撑侧屈膝屈髋下蹲，双臂可以伸向前方，以保持平衡（图 b）。
4. 有控制地下蹲，以防突然下落到跳箱或训练凳上。在执行反向动作前，尽量下蹲至触碰跳箱或训练凳表面，但不要完全坐在上面。
5. 一旦触碰跳箱或训练凳表面，支撑脚整体承压并发力蹬地，将自己向上推。
6. 支撑腿持续发力蹬地，直至髋关节与膝关节完全伸展。

变式动作过程

手持悬吊训练器把手或弹力带一端进行练习时，注意在下蹲时保持双臂伸直（图 d）。在站起的过程中，拉动器材的手臂应尽可能少地发力。

常见错误

- *脚跟离开地面。*
  - □ 在动作过程中，注意支撑脚整体承压并发力蹬地。
  - □ 进行单腿深蹲时，一开始下蹲就向后坐或将重心向后移动，并全程保持该状态。
- *从跳箱或训练凳上弹起。* 注意，只与跳箱或训练凳的表面轻轻触碰。该练习的目标是提升支撑腿肌肉的离心减速的能力和向心发力的能力，因此应避免通过从跳箱或训练凳上弹起来进行辅助。

保加利亚分腿蹲

起始姿势

1. 放置一个跳箱或训练凳，其上表面应高于胫骨中点，低于膝关节下缘。

2. 将脚面（即系鞋带的位置）置于跳箱或训练凳上。

3. 将前侧脚与跳箱或训练凳的距离调整为2~3英尺（0.6~0.9米）。

4. 保持后侧脚在跳箱或训练凳上，下蹲至后侧膝接触地面。

5. 调整前侧脚，以便让自己舒适地下蹲，并确保膝关节在脚踝与脚趾之间，且与脚尖方向一致。

6. 在后续组数的练习中，保持双脚位置不变。

7. 回到起始姿势（图a）。

变式起始姿势

1. 可以用高脚杯姿势持握一个壶铃，也可以用前架位姿势持握两个壶铃，还可以在身体的两侧直臂持握壶铃。

2. 可以用高脚杯姿势持握一个哑铃，也可以用前架位姿势持握两个哑铃。

3. 可以用前架位姿势持握杠铃。

4. 以沙袋为负重时，可以使用前架位姿势或将其置于背部。

5. 可以将弹力带固定在双脚中部下方，并将其绕过肩部及颈部后方。

6. 可以将后侧脚放置在悬吊训练器的把手中（图c）。

动作过程

1. 像单腿深蹲一样，前侧腿屈膝屈髋下蹲，保证前侧脚全脚掌撑地。

2. 继续下蹲，直至后侧膝轻轻触碰地面（能够很好地表明下蹲深蹲的身体指标）。

3. 前侧腿的膝关节应超过脚跟，位于脚踝与脚趾之间（图b）。

4. 一旦后侧膝轻轻触碰地面，就全脚掌发力蹬地，执行反向动作。

5. 前侧脚持续发力蹬地，直至髋关节及膝关节完全伸展，回到起始姿势。

变式动作过程

进行变式练习时，除了持握器材的方式不同外，其余过程没有变化。例如，用前架位姿势持握杠铃时，双肘应保持抬高，以便肩部牢牢地撑住杠铃；使用悬吊训练器进行练习时，后侧脚在把手中的位置应保持不变（图c）。

常见错误

- *双脚的位置错误*。大多数错误均与双脚的位置错误有关。注意，起始的双脚位置并不是完全固定的，可以根据自己的情况，调整前侧脚与后侧脚固定点的距离和起始的姿势。

- *膝盖从地面弹起*。应控制下蹲过程，使膝盖轻轻接触地面。该练习的目标是提升腿部肌肉离心减速的能力和向心发力的能力。有控制地下蹲还可以防止膝关节受伤。

后弓步

起始姿势

双脚间距位于肩宽与髋宽之间（图a）。

变式起始姿势

1. 可以用高脚杯姿势持握一个壶铃，也可以用前架位姿势持握两个壶铃，还可以在身体的两侧直臂持握壶铃。

2. 可以用高脚杯姿势持握一个哑铃，也可以用前架位姿势持握两个哑铃。

3. 可以用前架位姿势持握杠铃。

4. 以沙袋为负重时，可以使用前架位姿势或将其置于背部。

5. 可以将弹力带固定在撤步脚中部下方，并将其绕过肩部及颈部后方。

动作过程

1. 全身发力收紧，做好支撑负重的准备。脊柱保持直立或微伸的自然中立姿势（不要弓背）。

2. 一侧脚向后撤步，呈弓步姿势，重心放在前侧腿上。

3. 一侧脚撤步的同时，对侧腿的髋关节、膝关节和踝关节屈曲，使身体重心更靠近地面。

4. 当撤步脚接触地面时，前侧腿应屈膝90度。

5. 有控制地下蹲，一旦后撤腿的膝盖接触地面，停止下蹲（图b）。

6. 一旦后撤腿的膝盖接触地面，前侧脚整体承压并蹬地发力，将身体向上推起，并收回撤步脚。

变式动作过程

进行变式练习时，除了持握器材的方式不同外，其余过程没有变化。例如，用前架位姿势持握杠铃时，双肘应保持抬高，以便肩部牢牢地撑住杠铃。

常见错误

- *膝盖从地面弹起*。应控制下蹲过程，使膝盖轻轻接触地面。该练习的目标是提升腿部肌肉离心减速的能力和向心发力的能力。有控制地下蹲还可以防止膝关节受伤。

- *脚向后撤得太远*。注意膝盖相对于脚踝的位置。如果膝盖处于脚踝垂线偏后的位置，那么脚向后撤得太远，应该减小步幅。

- *脚向后撤得不够远*。注意膝盖相对于脚趾的位置。如果膝盖处于脚趾垂线偏前的位置或脚跟离开地面，那么应该增大步幅。

- *动作不连贯*。
  - 在向后撤步的过程中，应注意同时屈曲膝关节与髋关节，而不是先向后撤步，再身体向下。
  - 在回到起始姿势的过程中，注意将身体向上推的同时，将撤步脚收回。

弓步走

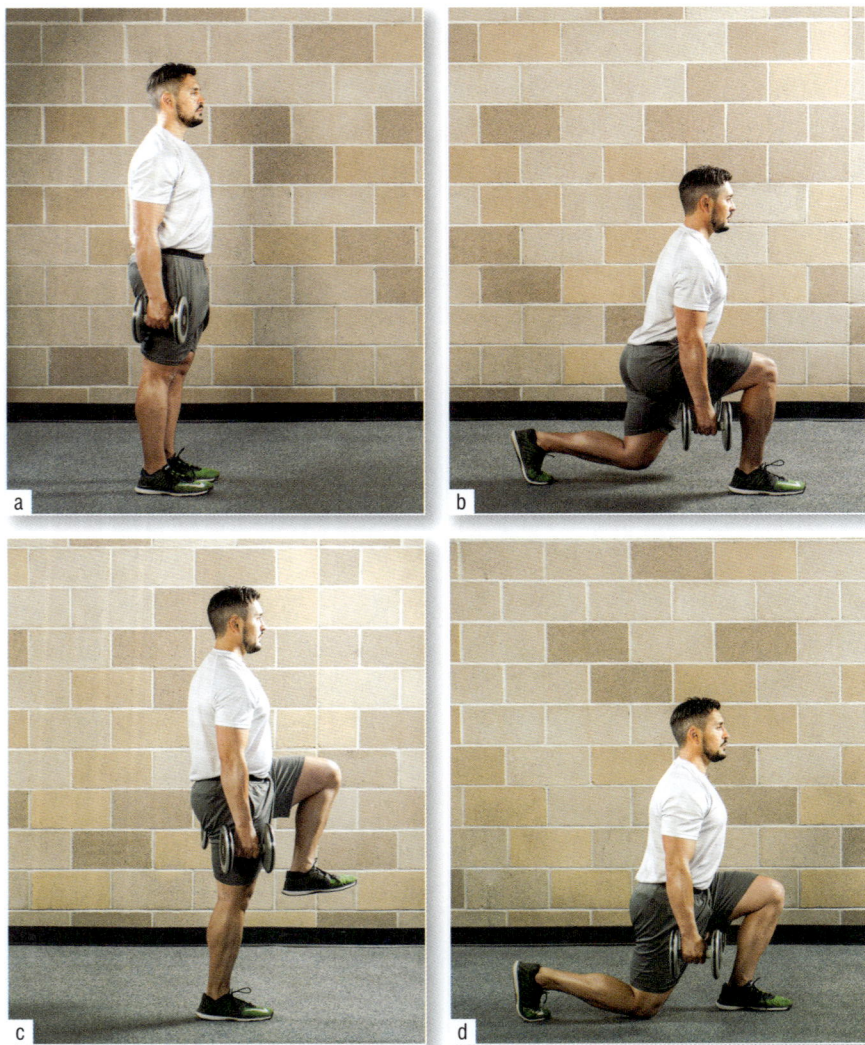

起始姿势

双脚间距位于肩宽与髋宽之间（图a）。

变式起始姿势

1. 可以用高脚杯姿势持握一个壶铃，也可以用前架位姿势持握两个壶铃，还可以在身体的两侧直臂持握壶铃。

2. 可以用高脚杯姿势持握一个哑铃，也可以用前架位姿势持握两个哑铃。

3. 可以用前架位姿势持握杠铃。

4. 以沙袋为负重时，可以使用前架位姿势或将其置于背部。

5. 可以将弹力带固定在迈步脚中部下方，并将其绕过肩部及颈部后方。

动作过程

1. 全身发力收紧，做好支撑负重的准备。脊柱保持直立或微伸的自然中立姿势（不要弓背）。

2. 一侧脚向前迈步，呈弓步姿势。在迈步脚接触地面前，屈髋屈膝下蹲。

3. 当迈步脚接触地面时，膝关节与髋关节应同时屈曲，以吸收冲力。

4. 持续下蹲，直至大腿中线平行于地面或后侧腿的膝盖接触地面（图 b）。

5. 一旦后侧腿的膝盖接触地面，前侧脚整体承压并蹬地发力，将身体向上推起，并抬高后侧腿（图 c）。

6. 一旦回到起始姿势，换对侧重复（图 d）。

变式动作过程

进行变式练习时，除了持握器材的方式不同外，其余过程没有变化。例如，用前架位姿势持握杠铃时，双肘应保持抬高，以便肩部牢牢地撑住杠铃。

常见错误

- *膝盖从地面弹起*。应控制下蹲过程，使膝盖轻轻接触地面。该练习的目标是提升腿部肌肉离心减速的能力和向心发力的能力。有控制地下蹲还可以防止膝关节受伤。

- *脚向前迈得太远*。
  - 注意膝盖相对于脚踝的位置。如果膝盖处于脚踝垂线偏后的位置，那么脚向前迈得太远，应该减小步幅。
  - 注意下背部姿态。如果在向前迈步的过程中下背部拱起，那么很可能是为了使髋关节伸展而出现代偿。这时应减小步幅，使后侧膝在髋部下方或接近该位置。

- *脚向前迈得不够远*。注意膝盖相对于脚趾的位置。如果膝盖处于脚趾垂线偏前的位置或脚跟离开地面，那么应该增大步幅。

- *动作不连贯*。
  - 在向前迈步的过程中，应注意同时屈曲膝关节与髋关节，而不是先向前迈步，再身体向下。
  - 在回到起始姿势的过程中，注意将身体向上推的同时，将后侧脚抬高。

前弓步

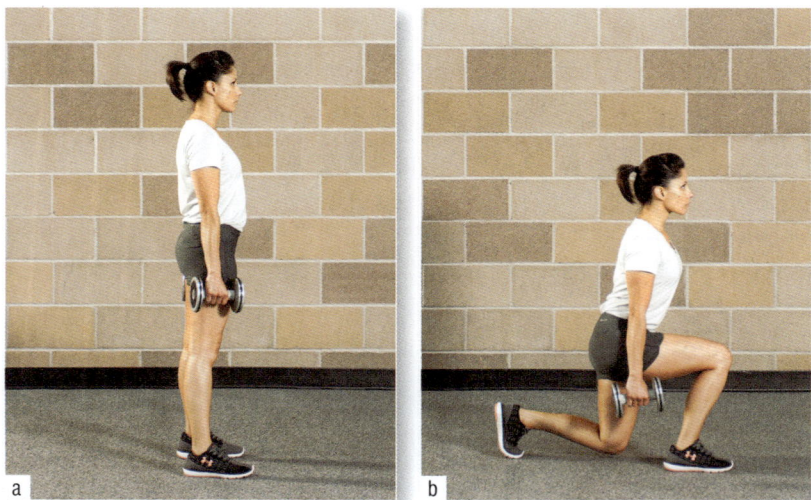

起始姿势

双脚间距位于肩宽与髋宽之间（图a）。

变式起始姿势＊

1. 可以用高脚杯姿势持握一个壶铃，也可以用前架位姿势持握两个壶铃，还可以在身体的两侧直臂持握壶铃。
2. 可以用高脚杯姿势持握一个哑铃，也可以用前架位姿势持握两个哑铃。
3. 可以用前架位姿势持握杠铃。
4. 以沙袋为负重时，可以使用前架位姿势或将其置于背部。
5. 可以将弹力带固定在迈步脚中部下方，并将其绕过肩部及颈部后方。

动作过程

1. 全身发力收紧，做好支撑负重的准备。脊柱保持直立或微伸的自然中立姿势（不要弓背）。
2. 一侧脚向前迈步，呈弓步姿势。在迈步脚接触地面前，屈髋屈膝下蹲。
3. 当迈步脚接触地面时，膝关节与髋关节应同时屈曲，以吸收冲力。
4. 持续下蹲，直至大腿中线平行于地面或后侧腿的膝盖接触地面（图b）。
5. 一旦后侧腿的膝盖接触地面，前侧脚整体承压并蹬地发力，将身体向上推起，并收回前侧脚，回到起始姿势。

＊可以双手各持握一个哑铃，以双脚前后分开站立的姿势为起始姿势，进行哑铃弓步练习。——译者

变式动作过程

进行变式练习时，除了持握器材的方式不同外，其余过程没有变化。例如，用前架位姿势持握杠铃时，双肘应保持抬高，以便肩部牢牢地撑住杠铃。

常见错误

- *膝盖从地面弹起*。应控制下蹲过程，使膝盖轻轻接触地面。该练习的目标是提升腿部肌肉离心减速的能力和向心发力的能力。有控制地下蹲还可以防止膝关节受伤。

- *脚向前迈得太远*。
  - 注意膝盖相对于脚踝的位置。如果膝盖处于脚踝垂线偏后的位置，那么脚向前迈得太远，应该减小步幅。
  - 注意下背部姿态。如果在向前迈步的过程中下背部拱起，那么很可能是为了使髋关节伸展而出现代偿。这时应减小步幅，使后侧膝在髋部下方或接近该位置。

- *脚向前迈得不够远*。注意膝盖相对于脚趾的位置。如果膝盖处于脚趾垂线偏前的位置或脚跟离开地面，那么应该增大步幅。

- *动作不连贯*。
  - 在向前迈步的过程中，应注意同时屈曲膝关节与髋关节，而不是先向前迈步，再身体向下。
  - 在回到起始姿势的过程中，注意将身体向上推的同时，将前侧脚收回。

侧弓步

起始姿势

1. 双腿间距比正常站距宽2~3英尺（0.6~0.9米）。应根据自身情况，调整双腿间距。

2. 一般来说，双脚应指向正前方（图a）。可根据自身情况外展双脚，但外展幅度不应超过30度。

3. 身体向一侧腿移动，该侧腿屈髋屈膝下蹲，臀部向后坐，对侧腿伸直。下蹲至大腿中线平行于地面或更低的位置，动作全程双脚脚跟不要抬离地面。在底部位置，可自行调整站距及双脚位置，以保证动作舒适。

4. 换对侧重复步骤3。

5. 之后进行该练习时，在起始姿势中保持同样的站距及双脚位置。

变式起始姿势

1. 可以用高脚杯姿势持握一个壶铃，也可以用前架位姿势持握两个壶铃，还可以在身体的两侧直臂持握壶铃。

2. 可以用前架位姿势持握两个哑铃。

3. 可以用前架位姿势持握杠铃。

4. 以沙袋为负重时，可以使用前架位姿势或将其置于背部。

5. 可以将弹力带固定在双脚中部下方，并将其绕过肩部及颈部后方。

动作过程

1. 身体向一侧腿移动，该侧腿屈髋屈膝下蹲，臀部向后坐，对侧腿保持伸直。
2. 持续下蹲至大腿中线平行于地面或更低的位置（图b）。
3. 确保双脚脚跟全程与地面保持接触。
4. 下蹲至要求的位置后，全脚掌发力蹬地，推动身体向上，回到起始姿势。
5. 回到起始姿势后，换对侧重复。

变式起始姿势

进行变式练习时，除了持握器材的方式不同外，其余过程没有变化。例如，用前架位姿势持握杠铃时，双肘应保持抬高，以便肩部牢牢地撑住杠铃。

常见错误

- *下蹲幅度不够。*
  - □ 调整站距，确保自己可以舒适地下蹲至要求的位置。
  - □ 如有需要，减轻负重。
- *脚跟离开地面。*
  - □ 调整站距，确保自己可以舒适地下蹲至要求的位置。髋关节活动度不足也会导致脚跟抬高。
  - □ 调整双脚位置，确保自己可以舒适地下蹲至要求的位置。踝关节活动度不足且脚外展幅度不够，脚跟也会抬高。

第 17 章

上肢拉类练习

上肢拉类练习用于增加士兵背部的力量与肌肉耐力。这些练习能直接提高士兵单杠提膝触肘测试的成绩，还能为士兵通过3RM六角杠铃硬拉测试和冲刺-拖拽-搬运测试提供强有力的支持。同时，这些练习还有助于平衡士兵为通过T形俯卧撑-手臂伸直测试所进行的大量上肢推类练习。如果没有哑铃与杠铃，士兵还可以使用沙袋、壶铃、悬吊训练器及弹力带来完成上肢拉类练习。

上肢拉类练习速查

替代性上肢拉类练习

　　第12章的训练计划所包含的上肢拉类练习应为士兵的首选练习，因为这些练习与陆军战斗体能测试相关。如果士兵没有首选练习所需的器材，那么就要选择替代性练习。士兵可从表17.1的最上面一行找到想要替换的首选练习。注意，这些练习的名称中可能并未包含所使用的器材。接下来，士兵可从表17.1的最左列找到可使用的器材。最后，士兵可以在想要替换的首选练习所在的列与可使用的器材所在的行相交的单元格中，找到需要的替代性练习。请选择能最大限度地模拟第12章训练计划中的首选练习的姿势、动作模式和负荷水平的替代性练习。注意，首选练习不一定有使用某一种器材的替代性练习，但一定有使用自重的替代性练习。因此，士兵没有理由完全忽略训练计划所包含的某个练习。

表17.1　替代性上肢拉类练习*

	反握引体向上	引体向上	俯身划船	反向划船	俯卧划船	肱二头肌弯举	肱二头肌锤式弯举	弹力带横拉	俯身侧平举	面拉
六角杠铃	↕	↕	↕	↕	↕	■	■	■		↕
杠铃						↕	肱二头肌弯举	■		
哑铃	俯身划船	俯身划船	↕	↕	↕	↕	↕	↕	↕	俯身划船
壶铃	↕	↕	俯身划船	俯身划船	俯卧划船、俯身划船	肱二头肌弯举	肱二头肌锤式弯举	俯身侧平举	俯身侧平举	
沙袋	↕	↕	↕	↕	↕			↕	↕	
弹力带	下拉	下拉	↕	↕	↕	↕	↕	弹力带横拉	弹力带横拉	面拉
悬吊训练器	反向划船	反向划船	↕	↕	↕	↕	肱二头肌弯举	俯身侧平举	俯身侧平举	↕
自重	反握引体向上*	引体向上*	反向划船	反向划船	反向划船	■	■	■	■	反向划船

*士兵由于力量不足而不能使用自重进行这些练习，则可以使用弹力带辅助或由搭档进行辅助（更多细节请参阅每项练习的变式说明）。士兵的另一个选择是只执行练习的离心阶段，即仅执行练习的下降阶段（从顶部静止的位置开始，用3~5秒缓慢下降，并在整个下降过程中保持控制）。

弹力带横拉

起始姿势

1. 双手持握一根弹力带，握距等于肩宽，掌心朝下。这个握距适合大部分士兵，但有些士兵可能需要根据自身力量水平及弹力带的张力来调整握距。此外，士兵也可以反手持握弹力带，以执行反握弹力带横拉。

2. 保持肘部伸直，双臂在躯干前方向上抬，直至手腕与肩部齐平（图a）。

3. 不应从起始姿势开始就减小握距。应始终让弹力带保持一定的张力，不应使其松弛。

动作过程

1. 肘部保持固定，双臂远离身体中线，拉开弹力带（图b）。

2. 一旦肘部与肩部在一条直线上，双臂以可控的方式，沿着同样的轨迹回到起始姿势。

3. 当双臂靠近身体中线时，在弹力带松弛之前，双臂停止移动。动作全程，让弹力带保持张力。

常见错误

- *动作速度过快*。双臂远离身体中线时和回到身体中线时，以可控的方式执行动作。
- *腕部高于肩部*。动作全程，双臂应该与地面平行。如果无法保持此姿势，则可能需要减少弹力带的张力。

反握引体向上

起始姿势

1. 双手反握横杆，握距等于肩宽。

2. 双臂伸直，双脚离地，悬垂在横杆上。双腿尽可能伸直（图a）。

3. 脊柱保持直立或微伸的自然中立姿势（不要弓背）。

4. 面朝前方，下颌保持水平。

变式起始姿势

如果士兵由于力量不足而不能使用自重进行该练习，则可以使用弹力带［将弹力带固定在横杆上（图c），将双膝或双脚置于弹力带上（图d）］进行辅助或由搭档进行辅助（图e）。但是，在士兵能完成规定次数前提下，弹力带或搭档所提供的辅助应尽可能少。

动作过程

1. 将自己拉向横杆，在这个过程中，想象自己将双肘拉向地面和躯干。

2. 将自己向上拉，至少拉至下颌越过横杆，全程保持下颌水平（图b）。

3. 肩胛骨应自然向下并稍微向内多。在顶部位置时，保持挺胸抬头，不要圆肩。

4. 沿着同样的轨迹下降身体，直至双臂完全伸直。

常见错误

■ *尝试以代偿动作（如踢腿、甩动、摆动等）借力*。注意有控制地执行动作。如果无法按照上述方式完成练习，则应考虑减少负重。如果使用自重也无法完成练习，则可以使用弹力带、引体向上辅助训练器、高位下拉训练器进行辅助，或由搭档支撑部分体重，以此来减少负重。

■ *下颌没有越过横杆*。如前所述，应降低所使用的负重。

■ *在底部位置，双臂没有伸直*。应有意识地让双臂伸展，这样做的目的是在全活动范围内进行练习。

■ *圆肩*。动作过程中，注意肩胛骨向下并稍微向内移。耸肩和圆肩可能会导致士兵肩部受伤。

引体向上

a
b

起始姿势

1. 双手正握横杆，握距等于肩宽。

2. 双臂伸直，双脚离地，悬垂在横杆上。双腿尽可能伸直（图a）。

3. 脊柱保持直立或微伸的自然中立姿势（不要弓背）。

4. 面朝前方，下颌保持水平。

变式起始姿势

1. 可以使用带链子（将其穿过一个或多个杠铃片或壶铃）的引体向上负重腰带、双脚夹住一个哑铃、将一个或两个壶铃挂在脚上或穿一件负重背心，以增加负重。

2. 如果士兵由于力量不足而不能使用自重进行该练习，则可以使用弹力带（将弹力带固定在横杆上，将双膝或双脚置于弹力带上）进行辅助或由搭档进行辅助。但是，在士兵能完成规定次数前提下，弹力带或搭档所提供的辅助应尽可能少。

动作过程

1. 将自己拉向横杆，在这个过程中，想象自己将双肘拉向地面和髋部。

2. 将自己向上拉时，保持上臂与躯干约呈45度。

3. 将自己向上拉，至少拉至下颌越过横杆，全程保持下颌水平（图b）。

4. 肩胛骨应自然向下并稍微向内移。在顶部位置时，保持挺胸抬头，不要圆肩。

5. 沿着同样的轨迹下降身体，直至双臂完全伸直。

常见错误

- *尝试以代偿动作（如踢腿、甩动、摆动等）借力*。注意有控制地执行动作。如果无法按照上述方式完成练习，则应考虑减少负重。如果使用自重也无法完成练习，则可以使用弹力带、引体向上辅助训练器、高位下拉训练器进行辅助，或由搭档支撑部分体重，以此来减少负重。

- *下颌没有越过横杆*。如前所述，应降低所使用的负重。

- *在底部位置，双臂没有伸直*。应有意识地让双臂伸展，这样做的目的是在全活动范围内进行练习。

- *圆肩*。动作过程中，注意肩胛骨向下并稍微向内移。耸肩和圆肩可能会导致士兵肩部受伤。

俯身划船

起始姿势

1. 双手握住杠铃杆，握距略大于肩宽。

2. 向后屈髋，进入俯身姿势，膝关节可稍微屈曲。

3. 脊柱保持直立或微伸的自然中立姿势（不要弓背）。

4. 头部保持自然中立姿势，与脊柱呈一条直线。

5. 背部尽可能与地面平行，同时脊柱保持自然中立姿势（图a）。

6. 双臂完全伸直，双手位于肩部正下方。

变式起始姿势

1. 当使用不同的器材（如哑铃）进行俯身划船时，可采用正握（如图中所示，也被称为全握或内旋握）、反握（也被称为低手握或外旋握）或对握（双掌相对）。

2. 身体其他部位的姿势与杠铃俯身划船保持一致。

动作过程

1. 将杠铃杆向上拉向胸部底部与胸廓底部之间的位置（图 b）。

2. 动作全程，背部相对于地面的位置保持不变。

3. 将杠铃杆向上拉时，注意以肘部为引导，肩胛骨向下、向后移动。结束位置注意挺胸。

4. 动作全程，保持上臂与躯干约呈 45 度。

5. 一旦杠铃杆触碰躯干，沿着相同的轨迹下放杠铃，直至双臂完全伸直。

变式动作过程

进行单臂俯身划船时，保持躯干收紧，以对抗旋转。

常见错误

- *弓背*。
  - □ 从起始姿势开始，尽可能保持背部紧绷。
  - □ 保持脚掌整体承压，也可以将重心稍稍移向脚跟。
  - □ 尽量向后屈髋，进入俯身姿势。
- *代偿、突然发力或错误地移动躯干*。
  - □ 注意以可控的方式执行动作，避免通过代偿发力来完成练习。需要移动的只有双臂和器材。
  - □ 当杠铃触碰躯干时，前臂保持与地面垂直。

反向划船

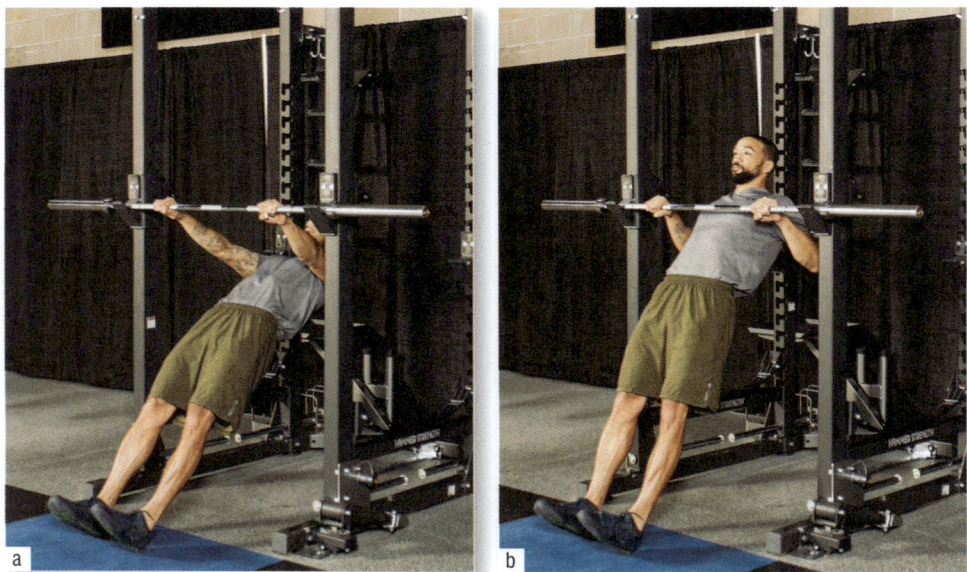

起始姿势

1. 先调整横杆的高度，使横杆与地面的间距略大于手臂的长度（如果横杆在这个高度时，难以完成所规定的次数，可以将横杆放在离地面更高的位置）。
2. 可以使用训练凳、跳箱或重哑铃来更好地固定双脚。
3. 脚跟着地，躯干向后倾斜，髋部伸展，呈反向俯卧撑起始姿势（图a）。
4. 脊柱保持直立或微伸的自然中立姿势（不要弓背），头部、肩部、髋部、膝盖和脚踝在一条直线上。
5. 如果按上述要求，难以完成练习，则可以像前文所述那样调整横杆的高度或屈膝90度。

变式起始姿势

可以使用悬吊训练器代替固定的横杆。开始时，坐在地上，髋部位于固定点正下方，双腿伸直。头部应指向悬吊训练器的顶端连接处。

动作过程

1. 保持躯干收紧、身体笔直，动作全程保持头部、肩部、髋部、膝盖和脚踝在一条直线上。

2. 将身体拉向横杆，同时肩胛骨向下、向后移动。在结束位置，注意挺胸（图b）。

3. 上臂应与躯干呈45度。一旦躯干触碰横杆，停止动作。

4. 在顶部位置，双臂应与在杠铃卧推中杠铃杆触胸时的姿势相同。

5. 有控制地使身体回落至起始位置。

变式动作过程

使用悬吊训练器进行练习时，以相同的方式执行动作。

常见错误

- *没有保持头部、肩部、髋部、膝盖和脚踝在一条直线上。*
  - □ 动作全程，保持身体收紧　确保全身整体移动。
  - □ 调整髋部或骨盆的位置。通常情况下，背部越接近地面，练习难度越大，臀部越容易向下掉；缺乏保持髋部处于自然中立姿势的意识，臀部也会向下掉。士兵应将横杆调整到合适的高度并有意识地保持髋部处于自然中立姿势。
- *横杆与躯干接触的位置过高。*
  - □ 调整横杆与躯干接触的位置，使其与在杠铃卧推中杠铃杆接触躯干的位置相同。
  - □ 向后移动，使双脚稍微靠近横杆。

俯卧划船

起始姿势

1. 将训练凳调整至倾斜30~45度。

2. 俯卧（面朝下方）于训练凳上，胸部和腹部贴凳面，头部处于自然中立姿势。

3. 将躯干置于训练凳上方，杠铃就不会落在地面上。

4. 双臂向下伸直，双手握住杠铃杆（图a）。

5. 双脚踩地，保持稳定。

变式起始姿势

可以用相同的姿势持握哑铃或壶铃。

动作过程

1. 将杠铃杆向上拉向胸部底部与胸廓底部之间的位置，杠铃片应位于躯干和训练凳的外侧。

2. 胸部应始终贴凳面。

3. 将杠铃杆向上拉时，注意以肘部为引导，肩胛骨向下、向后移动。在结束位置，注意挺胸（图b）。

4. 动作全程，保持上臂与躯干约呈45度。

5. 一旦杠铃杆贴近躯干，沿着相同的轨迹下放杠铃，直至双臂完全伸直。

变式动作过程

当使用杠铃进行俯卧划船时，在每次重复的顶部位置，杠铃杆都会触碰训练凳的下侧。当使用哑铃或壶铃进行俯卧划船时，则在保持身体稳定地处于训练凳上的前提下，交替拉起哑铃或壶铃。

常见错误

- *代偿、突然发力或错误地移动躯干*。注意以可控的方式来执行动作。避免通过代偿发力来完成练习，需要移动的只有双臂和器材。

肱二头肌弯举

起始姿势

1. 双手各持一个哑铃，双脚分开，与肩同宽。

2. 哑铃应在大腿外侧或稍偏前的位置。

3. 上臂应贴靠躯干，手肘应屈曲约10度（图a）。

4. 掌心朝前。

变式起始姿势

1. 当使用弹力带进行该练习时，应将弹力带固定在脚下，双手握住弹力带。需要注意的是，在弯举的顶部位置，阻力会变大。

2. 当使用悬吊训练器进行该练习时，一开始应伸直双臂，身体呈一条直线，脚跟踩地，作为支点（图c）。

动作过程

1. 朝着面部方向，向上弯举哑铃。

2. 持续弯举哑铃，直至哑铃触碰肩部或肘部屈曲至极限（图b）。

3. 躯干保持收紧，上臂尽量少动或不动。

4. 当哑铃触碰肩部或肘部屈曲至极限时，沿着同样的轨迹，将哑铃下放至起始位置。

变式动作过程

当使用悬吊训练器进行该练习时，在确保肘部不向下移动的前提下屈曲肘部，将把手拉向面部（图d）。

常见错误

■ *髋部或躯干移动*。髋部和躯干应保持不动。如果二者移动，那么很可能负重太大。应降低负重，从而以标准动作完成规定的次数。

俯身侧平举

起始姿势

1. 双手各持一个哑铃，双脚开立，与肩同宽或略宽于肩。

2. 向后屈髋，进入俯身姿势，膝关节微微屈曲。

3. 脊柱保持直立或微伸的自然中立姿势（不要弓背）。脊柱保持自然中立姿势的同时，背部尽可能平行于地面。

4. 头部保持自然中立姿势，与脊柱呈一条直线。

5. 在俯身姿势下，双臂伸直，哑铃位于肩部正下方（图a）。

变式起始姿势

当使用悬吊训练器进行该练习时，一开始身体直立，双手对握把手，就好像要开始进行最简单的反向划船一样。

动作过程

1. 保持手臂伸直，向两侧上举哑铃。

2. 持续上举哑铃，直至肘部与肩部呈一条直线（图b）。

3. 沿着相同的轨迹，双臂有控制地下落至起始姿势。

变式动作过程

当使用悬吊训练器进行该练习时，按照前文所述的方式打开双臂，直至双臂和躯干呈T字形。然后有控制地执行反向动作，回到起始姿势。动作全程，应保持悬吊带具有一定的张力。

常见错误

- *弓背*。
  - □ 一旦进入起始姿势，注意保持背部收紧。
  - □ 一开始，注意向后屈髋，进入俯身姿势。
- *代偿、突然发力或错误地移动躯干*。注意以可控的方式来执行动作。避免通过代偿发力来完成练习，需要移动的只有双臂和器材。

面拉

起始姿势

1. 如有可能，将绳索固定在高于下颌、低于头顶的位置。

2. 将拉绳把手或类似的把手连接到绳索上。

3. 面向绳索，双手正握（掌心朝向地面）把手。

4. 面向绳索，向后撤步至双臂完全伸直且绳索具有一定的张力。

5. 双臂应平行于地面或稍微向上倾斜，躯干挺直并稍微向后倾斜。

变式起始姿势

1. 当使用弹力带进行练习时，起始姿势与使用绳索进行练习时相似，在没有把手的情况下可直接持握弹力带（图a）。

2. 当使用悬吊训练器进行练习时，起始姿势与反向划船的起始姿势相似，但躯干与地面接近垂直。

动作过程

1. 将把手拉向面部，注意以肘部为引导。

2. 肘部应稍向上移（但不应高于眉毛），然后在舒适的前提下、关节活动度内尽量向后移（图 b）。

3. 将双手拉至面部时，中指触碰皮肤的位置不应高于眉毛（图 c）。

4. 肘部向后移至最大限度且中指到达眉毛附近后，沿着相同的轨迹，回到起始姿势。

变式动作过程

当使用悬吊训练器进行练习时，动作全程保持身体呈一条直线，依照上述步骤，将面部拉向把手。

常见错误

- *动作速度太快*。应有控制地执行动作。

- *代偿发力*。躯干应垂直于地面或稍向后倾。一旦找到适合自己的起始姿势，躯干就应该保持不动。如果需要手臂以外的身体部位代偿发力，则应降低负重。

- *回到起始姿势时肘部向下掉*。应保持双肘高于肩部。肘部在伸展的过程中，可以向下掉，但不能过早。士兵也需要注重反向动作，以提升训练效果。

肱二头肌锤式弯举

起始姿势

1. 双手各持一个哑铃，掌心相对。双脚分开，与肩同宽。

2. 哑铃应刚好位于大腿的外侧（图a）。

动作过程

1. 朝着面部方向，向上弯举哑铃。

2. 持续弯举哑铃，直至哑铃触碰肩部或肘部屈曲至极限（图b）。

3. 躯干保持收紧，上臂尽量少动或不动。

4. 当哑铃触碰肩部或肘部屈曲至极限时，沿着同样的轨迹，将哑铃下放至起始位置。

常见错误

- *髋部或躯干移动*。髋部和躯干应保持不动。如果二者移动，那么很可能负重太大。应降低负重，从而以标准动作完成规定的次数。

第18章

上肢推类练习

　　上肢推类练习可以增强士兵胸部、肱三头肌及肩部的力量与肌肉耐力。这些部位的力量与肌肉耐力能为士兵通过T形俯卧撑－手臂伸直测试提供支持。在没有特定器材的情况下，俯卧撑是一个非常好的练习。士兵也可以使用弹力带、杠铃片、负重背心增加负重，还可以由搭档增加负重。

上肢推类练习速查

替代性上肢推类练习

　　第12章的训练计划所包含的上肢推类练习应为士兵的首选练习，因为这些练习与陆军战斗体能测试相关。如果士兵没有首选练习所需的器材，那么就要选择替代性练习。士兵可从表18.1的最上面一行找到想要替换的首选练习。注意，这些练习的名称中可能并未包含所使用的器材。接下来，士兵可从表18.1的最左列找到可使用的器材。最后，士兵可以在想要替换的首选练习所在的列与可使用的器材所在的行相交的单元格中，找到需要的替代性练习。请选择能最大限度地模拟第12章训练计划中的首选练习的姿势、动作模式和负荷水平的替代性练习。注意，首选练习不一定有使用某一种器材的替代性练习，但一定有使用自重的替代性练习。因此，士兵没有理由完全忽略训练计划所包含的某个练习。

表18.1　替代性上肢推类练习

	俯卧撑	抬手俯卧撑	实力推	卧推	地面卧推	仰卧臂屈伸	肱三头肌下压
六角杠铃							
杠铃							
哑铃	卧推、地面卧推		实力推	卧推、地面卧推	卧推、地面卧推	仰卧臂屈伸	仰卧臂屈伸
壶铃							
沙袋							
弹力带	俯卧撑						
悬吊训练器			俯卧撑	俯卧撑	俯卧撑		肱三头肌下压 仰卧臂屈伸
自重	增强式俯卧撑	T形俯卧撑	增强式俯卧撑	增强式俯卧撑	增强式俯卧撑	增强式俯卧撑	增强式俯卧撑

俯卧撑

起始姿势

1. 俯卧，面朝下。

2. 双手位于肩部正下方，全手掌撑在地面上。

3. 双脚分开，与髋同宽，前脚掌踩住地面。

4. 头部、肩部、髋部、膝盖和脚踝在一条直线上（图a）。

变式起始姿势

1. 可在上背部放置重物或穿一件负重背心，以增加负重。

2. 当使用悬吊训练器进行练习时，双手持握把手。

3. 当使用弹力带进行练习时，将弹力带绕过上背部（放置重物的位置），并将其固定在手下（图c）。

4. 进行单手俯卧撑时，则根据需要调整上半身倾斜角度，以减少负重。

5. 当使用一对哑铃进行练习时，将哑铃放在肩部下方，双手正握把手。

动作过程

1. 保持躯干收紧并挺直，动作全程保持头部、肩部、髋部、膝盖和脚踝在一条直线上。

2. 下降身体，直到胸部触碰地面。

3. 在底部位置，上臂应与躯干呈45度，肘部几乎位于手腕正上方（图b）。

4. 双手发力推地，伸展双臂，直至可到起始姿势。

变式动作过程

1. 可根据需要调整弹力带的长度，以增大或减小阻力。

2. 可通过抬高双脚或增加阻力的方式来增加悬吊训练器俯卧撑的难度。

3. 进行单手俯卧撑时，需抵抗躯干旋转，确保身体不向一侧倾斜，同时根据需要调整身体倾斜的角度，以增大或减小阻力。

4. 当使用一对哑铃进行练习时，则身体需要下降更多的距离。

常见错误

- *肘部向外打开*。
  - □ 应保持上臂与躯干呈45度。
  - □ 注意肱三头肌对动作的主导作用。
- *头部、肩部、髋部、膝盖和脚踝没有在一条直线上*。
  - □ 动作全程，保持身体收紧，确保全身整体移动。
  - □ 注意髋部或骨盆位置。通常，髋部失稳会导致弓背或核心无法收紧。如有上述问题，应通过夹紧臀部来稳定髋部（想象狗在害怕时夹紧尾巴）。
- *在无法保持正确动作模式的情况下完成规定的次数*。应减少负重或次数。

T形俯卧撑

起始姿势

1. 俯卧，面朝下。

2. 胸部、髋部及大腿（不包括头部）与地面接触。

3. 双手位于肩部正下方，食指位于肩部最宽处的内侧，全手掌撑在地面上。

4. 双脚间距不应超过一只脚的宽度。

5. 头部、肩部、髋部、膝盖和脚踝在一条直线上（图a）。

动作过程

1. 保持躯干收紧并挺直，动作全程保持头部、肩部、髋部、膝盖和脚踝在一条直线上。

2. 双手发力推地，双臂完全伸直（图b）。

3. 下降身体，直到胸部、髋部及大腿（但不包括头部）触碰地面。

4. 在双肩正下方的双手向上抬起，到达起始位置的正上方（图c）。

5. 重复上述步骤，完成规定的次数。

常见错误

- *肘部向外打开。*
  - □ 应保持上臂与躯干呈45度。
  - □ 注意肱三头肌对动作的主导作用。
- *头部、肩部、髋部、膝盖和脚踝没有在一条直线上。*
  - □ 动作全程，保持身体收紧，确保全身整体移动。
  - □ 注意髋部或骨盆位置。通常，髋部失稳会导致弓背或核心无法收紧。如有上述问题，应通过夹紧臀部来稳定髋部（想象狗在害怕时夹紧尾巴）。
- *在无法保持正确动作模式的情况下完成规定的次数。* 应减少负重或次数。

实力推

起始姿势

1. 站立，双脚平放在地面上，间距等于肩宽。
2. 保持髋关节和膝关节伸展，下肢肌肉收紧。脊柱保持直立或微伸的自然中立姿势（不要弓背）。
3. 臀部发力收紧，确保髋部和骨盆位置正确，防止下背部不适。
4. 双手握距等于或略大于肩宽。
5. 腕部处于自然中立姿势（与图片所示不同）。
6. 杠铃杆应接触肩部上侧（图a）。

变式起始姿势

1. 当使用哑铃或壶铃进行练习时，一开始可以将哑铃放在胸前或靠近胸前的位置，也可以使用与杠铃实力推相似的起始姿势。
2. 当使用弹力带进行练习时，将弹力带固定在双脚下并套在双手上，使用与杠铃实力推相似的起始姿势。

动作过程

1. 动作全程，除了杠铃和双臂，其他身体部位几乎不动。
2. 头部与下颌微微向后收（做一个形成双下颌的动作），使杠铃杆能垂直向上移动。
3. 将杠铃杆推向头顶上方，直至双臂完全伸直（图b）。
4. 在结束位置，杠铃应位于脊柱正上方。

5. 沿着相同的轨迹，使杠铃落回肩部，然后重复规定的次数。

变式动作过程

当进行单臂实力推时，动作全程保持躯干收紧，不要让身体因单侧负重而向对侧摆动。

常见错误

- *将杠铃杆推向头顶前方而不是头顶上方*。应向上并稍向后推杠铃杆，这样当双臂完全伸直时，杠铃杆才能位于脊柱正上方。

卧推

起始姿势

1. 仰卧在训练凳上，使杠铃杆位于领头正上方。

2. 前脚掌或全脚掌踩住地面。

3. 双脚对齐，膝盖低于髋部。可根据自身习惯及关节活动度调整双脚位置，双脚可以放在身体正下方，也可以稍稍向前伸。

4. 动作全程，臀部应紧贴凳面。

5. 肩胛骨向下、向后收紧，为卧推提共稳定的基础。

6. 头部应始终与训练凳保持接触。

7. 双手持握杠铃杆，使杠铃杆触碰躯干时，前臂垂直于地面，上臂与躯干呈45度。

变式起始姿势

1. 当使用哑铃或壶铃进行练习时，起始姿势与杠铃卧推相似，但需要将负重举到胸部高度并有控制地向后躺。如果有保护人员，则保护人员应站在士兵的腕部位置或器材内侧。如果保护人员站在士兵的肘部位置或器材内侧，很可能会导致士兵肘部向内收。

2. 当使用弹力带进行练习时，应将弹力带固定在训练凳或自己背部的下方。双手握住弹力带，并根据需要调节阻力。

3. 可以将训练凳向上倾斜45度左右。

4. 如果使用掌心相对的对握握法，则肘部应贴靠躯干。

动作过程

1. 最好将杠铃杆从架子上取下来并将其放在肩部上方舒适、稳定的位置（图a）。

2. 使杠铃杆下落，直至前臂垂直于地面，上臂与躯干呈45度。

3. 让杠铃杆触碰躯干，但不要让杠铃从躯干上弹起（图b）。

4. 向上并稍微向后推起杠铃杆，使其回到肩部上方的起始位置。

变式动作过程

1. 当进行单臂卧推时，动作全程保持腹部收紧，双脚蹬地发力，以抵抗躯干旋转。

2. 如果使用掌心相对的对握握法，则动作全程保持掌心相对，肘部贴靠躯干两侧。

常见错误

- *臀部离开凳面*。注意髋部与膝盖对齐、膝盖低于髋部。如果未做到以上两点，请调整双脚位置。应通过双脚蹬地来发力，而不仅是推动杠铃杆的动作。

- *杠铃杆从胸部弹起*。使杠铃杆有控制地下落。如果不能做到这一点，则需要减轻负重。

- *杠铃杆触碰躯干的位置过低或过高*。当杠铃杆触碰躯干时，注意前臂垂直于地面。

- *将杠铃杆向正上方推*。注意将杠铃杆向上并稍微向上推。

- *双脚没有踩住地面*。可在脚下放置防滑垫（防滑板）。通用的训练凳并不适合所有人。

地面卧推

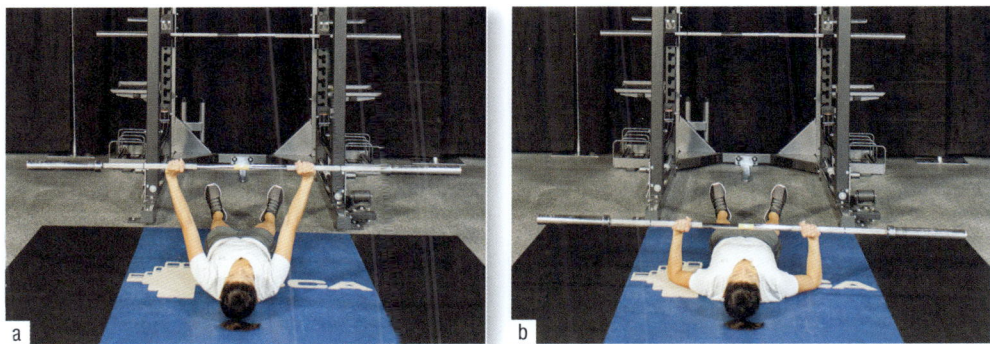

起始姿势

1. 仰卧在地上，使杠铃杆位于额头正上方。

2. 双膝屈曲约90度，身体姿势与仰卧起坐的起始姿势相似，但双脚间距要更宽一些，以形成更好的支撑基础。双脚应全脚掌踩地。也可以双腿伸直并平放在地上，脚趾朝上（如图所示）。

3. 臀部收紧并始终与地面接触。

4. 肩胛骨向下、向后收紧，为卧推提供稳定的基础。

5. 头部应始终与地面接触。

6. 双手持握杠铃杆，使杠铃杆触碰躯干时，前臂垂直于地面，上臂与躯干呈45度（请在训练前检查此项）。

变式起始姿势

1. 当使用哑铃或壶铃进行练习时，起始姿势与杠铃卧推相似，但需要将负重举到胸部高度并有控制地向后躺。如果有保护人员，则保护人员应站在士兵的腕部位置或器材内侧。如果保护人员站在士兵的肘部位置或器材内侧，很可能会导致士兵肘部向内收。

2. 当使用弹力带进行练习时，应将弹力带固定在背部的下方。若使用训练凳，也可将弹力带固定在训练凳的下方。双手握住弹力带，并根据需要调节阻力。

动作过程

1. 将杠铃杆放在肩部上方舒适、稳定的位置（图a）。

2. 使杠铃杆下落，直至前臂垂直于地面，上臂与躯干呈45度。

3. 在杠铃杆触碰躯干之前，肘部应轻轻触碰地面（图b）。

4. 向上并稍微向后推起杠铃杆，使其回到肩部上方的起始位置。

常见错误

- *肘部从地面弹起*。使杠铃杆有控制地下落。如果不能做到这一点，则需要减轻负重。
- *将杠铃杆向正上方推*。注意将杠铃杆向上并稍微向后推。

增强式俯卧撑

起始姿势

1. 俯卧，面朝下，双手撑在跳箱边缘。
2. 双手间距等于肩宽，肘部伸直，全手掌按在跳箱上。
3. 双脚分开，与髋同宽，前脚掌踩住地面。
4. 头部、肩部、髋部、膝盖和脚踝在一条直线上（图 a）。

动作过程

1. 保持躯干收紧并挺直，动作全程保持头部、肩部、髋部、膝盖和脚踝在一条直线上（图 a）。
2. 让身体以自己可控的最快速度朝着跳箱下落，在胸部触碰跳箱之前，立即向上推起身体[如果身体在底部位置停顿，则上臂应与躯干呈 45 度，肘部位于腕部之上（图 b）]。
3. 持续执行瞬间反向的动作，尽可能快地将身体推离跳箱。
4. 持续执行瞬间反向的动作，直至双臂完全伸直，并将躯干、双臂及双手推离跳箱、推向空中（图 c）。
5. 身体受重力影响下落时，做好双手接触跳箱时肘部屈曲的准备。
6. 一旦双手接触跳箱，返回步骤 2，继续完成规定的次数。

常见错误

- *肘部向外打开。*
  - □ 应保持上臂与躯干呈 45 度。
  - □ 注意肱三头肌对动作的主导作用。

- *头部、肩部、髋部、膝盖和脚踝没有在一条直线上。*
  - □ 动作全程，保持身体收紧，确保全身整体移动。
  - □ 注意髋部或骨盆位置。通常，髋部失稳会导致弓背或核心无法收紧。如有上述问题，应通过夹紧臀部来稳定髋部（想象狗在害怕时夹紧尾巴）。
- *在无法保持正确动作模式的情况下完成规定的次数。*
  - □ 可以将双手放在训练凳、楼梯或跳箱上，以上斜姿势进行训练（图a）以降低难度。
  - □ 如果不能使用跳箱以上斜姿势进行训练，则可通过双膝跪地来降低难度。

仰卧臂屈伸

起始姿势

1. 仰卧在训练凳上，头部、肩部及臀部均舒适地接触凳面。

2. 前脚掌或全脚掌踩住地面。

3. 臀部应与训练凳保持接触。

4. 头部应与训练凳保持接触。

5. 将哑铃举到肩部正上方，双臂完全伸直，掌心相对（图a）。

变式起始姿势

1. 在没有训练凳的情况下，可以以相似的起始姿势仰卧在地上。

2. 当使用弹力带进行练习时，将弹力带固定在自己的背部或训练凳下方，双手握住弹力带，并根据需要调整阻力。

3. 当使用悬吊训练器进行练习时，则从俯卧撑的顶部姿势开始，但身体倾斜度要小得多（图d）。

动作过程

1. 双手保持对握（掌心相对）哑铃，前臂稍稍移向头部，与起始的垂直位置呈约5度。

2. 动作全程保持上臂姿势不变，仅通过屈曲肘关节来让双手向头部移动（图b）。

3. 当哑铃靠近头部时，应使哑铃向头部两侧移动，从而增大活动范围。

4. 一旦前臂与地面平行，开始执行反向动作，沿着相同的轨迹，回到起始姿势。

变式动作过程

当使用悬吊训练器进行练习时，需屈曲双肘，使额头下落至把手附近，注意全程保持身体从头到脚呈一条直线（图c）。然后伸展双肘，回到起始姿势（图d）。

常见错误

- *上臂移动*。动作全程保持上臂不动。上臂移动通常是因为使用的负重过大，应减小负重。

肱三头肌下压

起始姿势

1. 将弹力带固定在引体向上横杠上或类似高度的稳定位置。

2. 双手握住弹力带低处，背对引体向上横杠。

3. 向远离引体向上横杠的方向移动一步或两步，确保双臂向上时弹力带靠近头部。上臂应完全伸直且与头部、躯干在同一平面上。

动作过程

1. 让弹力带将双手拉向引体向上横杠，保持上臂贴靠躯干两侧（图a）。

2. 一旦双手在上臂不移动的情况到达最远位置，就可以伸展双肘，使双臂恢复起始姿势（图b）。

3. 以可控的方式执行动作，完成规定的次数。上臂应完全伸直并贴靠躯干两侧。

4. 完成规定的次数后，不要休息，立即朝向引体向上横杠移动至其正下方或稍靠前一点的位置。可以通过稍微屈膝来维持弹力带的张力。

5. 此时弹力带应在面前前方，双臂应尽可能屈曲，双手高度接近肩部高度。

6. 在这个姿势下，尽可能快地屈伸肘部。上臂尽可能不动，前臂在全活动范围内移动。

常见错误

■ 将该练习变为与下斜卧推类似的练习。双肘保持贴靠躯干，不要向外打开。动作全程上臂保持稳定，尽可能少动或不动。

第 19 章

躯干练习

    在本书中，躯干练习的目的是，通过创造或抵抗所有平面的运动，锻炼腹部肌肉。这些练习可明显提升单杠提膝触肘测试的成绩。在某种程度上，这些练习对陆军战斗体能测试的每一项测试成绩的提升都有帮助。躯干肌肉能产生有助于旋转和抵抗旋转的力，因此，这些肌肉对爆发性动作非常重要，对预防损伤也非常重要。

躯干练习速查

替代性躯干练习

　　第12章的训练计划所包含的躯干练习应为士兵的首选练习，因为这些练习与陆军战斗体能测试相关。如果士兵没有首选练习所需的器材，那么就要选择替代性练习。士兵可从表19.1的最上面一行找到想要替换的首选练习。注意，这些练习的名称中可能并未包含所使用的器材。接下来，士兵可从表19.1的最左列找到可使用的器材。最后，士兵可以在想要替换的首选练习所在的列与可使用的器材所在的行相交的单元格中，找到需要的替代性练习。请选择能最大限度地模拟第12章训练计划中的首选练习的姿势、动作模式和负荷水平的替代性练习。注意，首选练习不一定有使用某一种器材的替代性练习，但一定有使用自重的替代性练习。因此，士兵没有理由完全忽略训练计划所包含的某个练习。

表19.1　替代性躯干练习*

	悬垂举腿	腹肌滚动	T杠转体	站姿抗旋转	半跪姿上举下伐	手臂搅旋	训练凳侧向卷腹	平板支撑推拉	站姿侧屈	农夫行走
六角杠铃										农夫行走
杠铃		腹肌滚动	T杠转体		T杠转体	腹肌滚动		腹肌滚动		
哑铃					半跪姿上举下伐		站姿侧屈		站姿侧屈	农夫行走
壶铃										
沙袋										
弹力带										
悬吊训练器		腹肌滚动				手臂搅旋		腹肌滚动		
自重	反向卷腹	平板支撑、离心龙旗	仰卧转体	单臂平板支撑、单腿平板支撑	仰卧转体	平板支撑	侧平板支撑（重复多次）	平板支撑	侧平板支撑（重复多次）	平板支撑

* 平板支撑、侧平板支撑、仰卧起坐、死虫式、离心龙旗、单杠提膝触肘均为自重练习，因此这里并未推荐任何非自重的替代性练习。

平板支撑

起始姿势

1. 俯卧（面朝下），双肘置于双肩正下方，双臂平行，脚趾并拢，颈部保持自然中立姿势（做一个形成双下颌的动作有助于颈部保持自然中立姿势）。

2. 需要负重时，将重量置于下背部或穿一件负重背心。

变式起始姿势

当进行单臂或单腿平板支撑时，起始姿势与平板支撑相同。

动作过程

1. 将身体抬离地面。

2. 身体从头至脚呈一条直线。

3. 通过双腿伸直、臀部夹紧发力、肘部发力推地来激活全身肌肉，这样做，就能感到腹部持续收紧。

变式动作过程

当进行单臂平板支撑时，需要抬起一只手，手臂向前伸直。当进行单腿平板支撑时，需要抬起一只脚，腿部向后伸直。进行任何变式时，都需要夹紧臀部，以保证髋关节伸直；还需要收紧躯干，以对抗躯干旋转。可以在进行下一组或组内的下一次练习时，换对侧手臂或腿部重复。

常见错误

- *臀部向下掉*。将臀部抬离地面，保证身体呈一条直线，应感到身体前侧而不是下背部得到锻炼。

- *臀部抬得过高*。夹紧臀部，使髋关节伸直，身体从头到脚跟呈一条直线。搭档可以通过口头提示来帮助士兵注意自己的身体姿势。

侧平板支撑

起始姿势

1. 侧卧，双腿交叠，肘部置于肩部正下方。

2. 上侧手臂置于躯干一侧，像在立正姿势中那样。目视前方。

动作过程

1. 将臀部抬离地面，使身体从头到脚跟呈一条直线。

2. 肘部持续发力推地，臀部保持夹紧。

3. 在规定的时间内保持这个姿势。

4. 也可以重复进行该练习至规定的次数，以将该练习作为站姿侧屈或训练凳侧向卷腹的替代性练习。

常见错误

- *屈髋*。夹紧臀部，使髋部处于中立姿势。

- *向下看、向前看*。下颌微微向后收，使颈部处于中立姿势。

反向卷腹

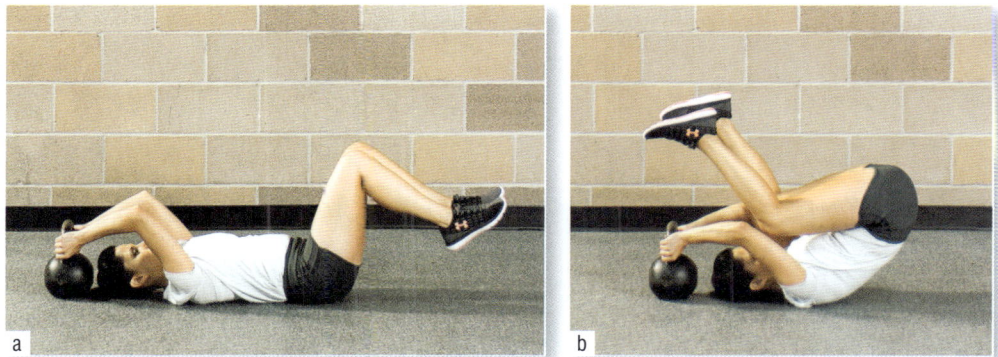

起始姿势

1. 仰卧在地上。

2. 双腿抬高，屈髋屈膝约90度，确保下背部与地面接触（图a）。

3. 如有可能，将壶铃、架子或任何其他重物放在离头顶6英寸（15厘米）的地方。如果没有可用的重物，应将双手置于头部两侧。

4. 肘部屈曲约90度。

动作过程

1. 腹部发力，下背部进一步压向地面。

2. 腹部持续发力，骨盆和腿部依次向头部移动。

3. 在下半身整体移向头部的过程中，想象脊柱从骨盆开始，逐节向头部屈曲。

4. 当双膝碰到双肘或脊柱无法屈曲时停止动作（图b）。

5. 一旦到达结束位置，执行反向动作，沿着与屈曲动作相同的轨迹，以可控的方式回到起始姿势。

常见错误

■ *髋关节伸展超过90度。* 应以可控的方式进行反向动作，注意当髋关节恢复起始屈曲90度的姿势时，停止反向动作。若髋关节伸展超过90度，则可能会出现下背部不适。

■ *利用惯性开始下一次练习。* 应以可控的方式执行动作。检查每一次练习的起始姿势，确保在回到起始姿势的过程中，髋关节伸展未超过90度。

仰卧起坐

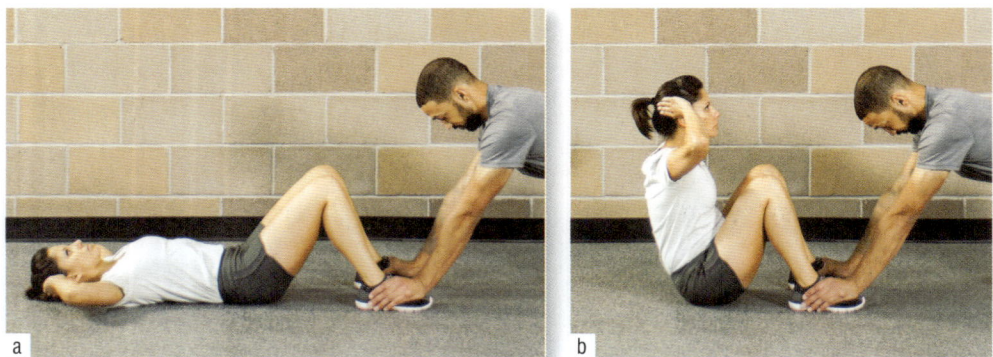

起始姿势

1. 仰卧在地上，双脚靠近臀部，双膝屈曲超过90度。

2. 双手放在头部两侧，或双臂交叠置于胸前，以避免颈部紧绷。

3. 确保髋部、膝盖与脚在同一平面，双脚踩住地面［也可以将双脚放在仰卧起坐横杆下方或请搭档用双手固定自己的双脚（图a）］。

动作过程

1. 将背部抬离地面，直至脊柱垂直于地面或超过该位置（图b）。

2. 背部回到地面，恢复起始姿势，在这个过程中保持腹部收紧。

常见错误

■ *未控制活动范围*。动作全程应保持控制，以优化腹部肌肉及髋屈肌的功能。

悬垂举腿

起始姿势

1. 自由悬垂在引体向上横杆上，双臂及双腿伸直。
2. 双手正握横杆，拇指压在食指上（图a）。

动作过程

1. 向横杆施加向前及向内的压力，好像要将其掰断一样。
2. 身体不要摆动，双膝慢慢屈曲并抬向肘部（图b）。
3. 双膝至少抬至髋部高度。在动作可控的前提下，双膝还可抬至肘部高度。
4. 有控制地放下双腿，直至身体再次悬垂，呈一条直线。

常见错误

- *依靠摆动提膝*。动作全程应放慢速度，保持腹部收紧。如果力量不足，可以考虑用反向卷腹来代替该练习。
- *肘部屈曲*。保持双臂伸直。如果肩关节活动受限导致双臂无法伸直，则需要进行提升双臂过头动作活动范围的练习。

死虫式

起始姿势

1. 仰卧，屈膝屈髋90度，双臂伸向天花板。
2. 腹部保持收紧，下背部压向地面（图a）。

动作过程

1. 同时伸展一侧手臂与对侧腿，使它们朝地面下降。
2. 腹部保持收紧，下背部与地面之间的压力不变。
3. 在保持下背部贴地的前提下，尽可能地使手臂和腿伸直并靠近地面（图b）。
4. 伸展时充分呼气，回到起始姿势时吸气。
5. 换对侧重复，呼吸模式保持不变。
6. 常见的变式是保持腿部（或手臂）不动，只交替执行手臂（或腿部）动作。

常见错误

- *未正确保持骨盆位置（下背部过度屈曲或伸展）*。考虑减小动作幅度或在下放腿部时屈膝。
- *下放手臂时屈肘*。应减小动作幅度，并进行提高肩关节灵活性的练习。

腹肌滚动

起始姿势

1. 以高跪姿开始，身体从双膝到头顶呈一条直线。

2. 双臂伸直，双手置于所用器材［如腹肌轮（图a）、瑞士球、悬吊训练器］上。

动作过程

1. 保持手臂伸直，身体以可控的方式缓慢地向下落。

2. 动作全程，身体从双膝到头顶呈一条直线。

3. 双臂向前推，直至双手到达头顶上方，全程保持腹部收紧（图b）。

4. 腹部发力，收回双臂，回到起始姿势。

常见错误

■ *骨盆后倾*。应避免髋部屈曲，这样身体就无法保持从双膝到头顶呈一条直线。动作全程应始终收紧腹部，这样才能有控制地执行动作。

离心龙旗

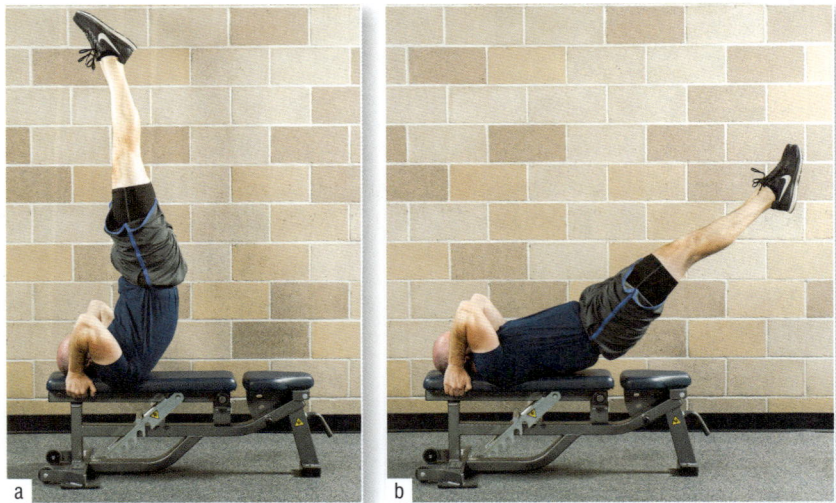

起始姿势

1. 仰卧在地上或训练凳上，双腿伸直，髋部抬高。

2. 尽可能将背部抬离地面或凳面（图a）。

3. 可以将双手举过头顶或放在头侧，抓住一个固定的物体（如架子、训练凳顶部或搭档的腿部）。

4. 每次练习都从上述起始姿势开始。

动作过程

1. 从起始姿势开始，身体尽量绷直，慢慢下放双腿、髋部和背部（图b）。

2. 在整个下放过程中保持腹部收紧。

3. 完成动作后，可以屈曲双腿，以更容易地回到起始姿势。

常见错误

■ *在下放过程中未控制动作*。应以足够慢的速度执行动作，使自己可以在运动中的任何时刻停下来并保持此刻的姿势。如果该练习对士兵来说比较难，士兵无法在缓慢下放身体的同时让身体保持绷直，那么应考虑先通过简单的平板支撑或反向卷腹来增强腹部力量。

单杠提膝触肘

起始姿势

1. 自由悬垂在引体向上横杆上，双臂及双腿伸直（图 a）。

2. 双手对握横杆，双手手掌相对。

3. 双手应尽量靠近。

动作过程

1. 身体不要摆动借力，双膝慢慢靠近肘部，直至双膝或大腿触碰肘部。

2. 双肘屈曲超过 90 度，以实现与双腿的接触（图 b）。

3. 有控制地回到起始姿势，在这个过程中尽量减少躯干的旋转。

常见错误

- *通过摆动借力达到规定的动作幅度。* 完成这个练习需要具备良好的上肢拉力量和腹部力量。如果不通过摆动借力就无法达到规定的动作幅度，那么在进行练习前，应考虑额外进行上肢拉类练习及腹部练习。

仰卧转体

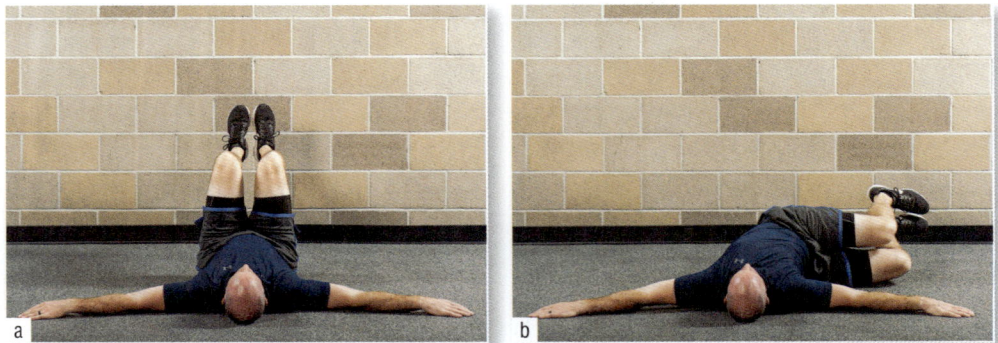

起始姿势

1. 仰卧，屈膝屈髋90度，双脚悬空（图a）。

2. 手臂置于身体两侧，与身体呈90度。

3. 下背部与地面保持接触。

动作过程

1. 双膝有控制地向身体一侧下放，同时保持屈髋屈膝幅度不变（图b）。

2. 应感到腹部紧绷，仿佛自己是正在被拧干的毛巾。

3. 完成动作后，回到起始姿势并短暂停顿，然后换对侧重复。

常见错误

- *通过快速摆动借力*。动作全程保持控制，放慢速度。如果无法控制动作速度，则可以考虑用站姿抗旋转代替该练习。

- *在错误的方向上施加阻力*。确保需要抵抗的旋转力与手垂直，而不是来自身后。

- *施加的阻力过大*。如果躯干旋转产生的阻力过大，不能保持姿势正确，并且没有感到腹肌得到锻炼，那么就将上半身稍微向旋转方向的对侧转动。

T杠转体

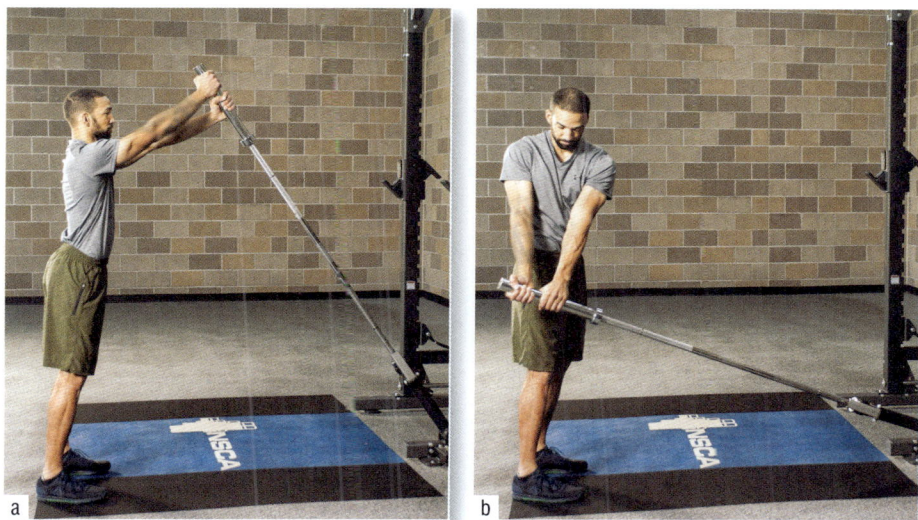

起始姿势

1. 将杠铃杆的一端固定在T杆器材中，或将其置于房间角落、架子或沙袋下方。确保杠铃杆的一端是固定的，不会移动。
2. 保持双臂伸直，双手持握杠铃杆的另一端并将其举至头部前方（图a）。
3. 如果需要增加额外的阻力，请在杠铃杆的顶端装一个杠铃片。

动作过程

1. 保持手臂伸直，旋转躯干，直至杠铃片或杠铃杆到达一侧髋部附近（图b）。
2. 向相反的方向旋转躯干，直至杠铃片或杠铃杆到达对侧髋部附近。
3. 动作全程有控制地进行旋转。

常见错误

- *通过腿部发力完成动作。* 虽然也可以通过髋部爆发性地发力来完成动作，但该练习的目的是利用躯干肌肉来有控制地完成动作。如果不能通过腿部发力完成该练习，则可以考虑减轻负重或进行更简单的旋转性腹肌练习。

站姿抗旋转

起始姿势

1. 手握弹力带或绳索于胸前，并将其拉离固定点几十厘米远。

2. 身体呈运动姿势，双手向身体前方推弹力带或绳索至手臂伸直（图a）。

3. 手臂与弹力带或绳索应呈90度，这样才能感到髋部及躯干受到旋转力的干扰。

动作过程

1. 如果训练要求保持姿势至规定的时间，则全程都要保持起始姿势。

2. 如果训练要求重复练习至规定的次数，则需要将双手收至胸前（图b），然后双手向身体前方推，回到起始姿势。

3. 如果没有弹力带或绳索，则搭档可以用手提供阻力。

半跪姿上举下伐

起始姿势

1. 身体呈高半跪姿，前后膝均屈曲90度。
2. 双脚应与髋部对齐或更靠近身体中线。
3. 双臂伸直，双手持握重物。

变式起始姿势

当使用弹力带进行练习时，可以将弹力带固定在后侧腿一侧的低处，以增加上举动作的阻力，也可以将弹力带固定在前侧腿一侧的高处，以增加下伐动作的阻力。

动作过程

1. 从负重位于后侧腿一侧的口袋旁开始（图a），沿着对角线将负重向上举，在这个过程中旋转躯干（图b）。
2. 全程有控制地执行动作，之后沿着相同的轨迹，将负重下放至起始位置。

变式动作过程

当使用弹力带进行练习时，弹力带将增加下伐或上举动作的阻力，因此，在每一组训练中，以下伐动作和上举动作为重点的练习均要进行。

常见错误

- *姿势变形*。动作全程应保持手臂伸直，躯干挺直，动作可控。

手臂搅旋

起始姿势

1. 以高跪姿开始，身体从膝盖至头顶呈一条直线。
2. 双臂接近伸直，双手放在所使用的器材［如滚轴、瑞士球（图a）、悬吊训练器］上。

动作过程

1. 身体稍微前倾，以使腹部收紧，同时身体保持从膝盖至头顶呈一条直线。
2. 躯干与下肢保持静止，手臂伸直，同时，双手及双臂小幅度画圆，就像在搅拌一大锅炖菜一样（图b）。

常见错误

- *骨盆后倾*。应避免臀部后坐，否则身体就无法保持从膝盖至头顶呈一条直线。动作全程保持腹部收紧，这样有助于控制动作速度。

训练凳侧向卷腹

起始姿势

1. 侧卧在臀腿训练器或罗马凳上，也可以侧卧在训练凳上，让搭档按住自己的双脚。

2. 髋部应与凳面接触，但是上半身应处于没有支撑的状态。

3. 身体从头部至脚跟呈一条直线，这是起始姿势（图a）。

动作过程

1. 从起始姿势开始，就像在做躯干侧屈动作（图b）。

2. 侧向屈髋至最大限度（个体间的活动度差异较大）后，回到起始姿势。

3. 如需增加负重，可将重物抱在胸前。

常见错误

- *通过摆动借力达到规定的动作幅度。* 动作全程控制速度，保证能随时停止动作。如果无法做到这一点，可以将侧平板支撑、单臂农夫行走或哑铃站姿侧屈作为替代练习。

平板支撑推拉

起始姿势

1. 以平板支撑姿势开始，将双脚置于一对滑板或悬吊训练器［离地6英寸（15厘米）］上。

2. 当使用瑞士球进行练习时，可以使用俯卧撑顶部姿势，双臂伸直，双脚撑在瑞士球上（图a）。

动作过程

1. 保持平板支撑姿势，前臂和肘部发力，推动身体向后移动，注意腹部持续收紧。

2. 在动作不变形的情况下，推动身体向后移至尽可能远的地方（图b）。

3. 前臂和肘部发力，将身体拉回，恢复起始姿势。

常见错误

- *髋部向下掉*。应将髋部抬离地面，身体保持呈一条直线。应感到身体前侧而不是下背部得到锻炼。

- *髋部抬得过高*。应收紧臀部，使髋关节伸直，身体保持从头到脚跟呈一条直线。

站姿侧屈

起始姿势

直立，一侧手持壶铃于体侧，手臂伸直（图a）。

变式起始姿势

当使用弹力带进行练习时，应将弹力带固定在一侧脚下和同侧手中，并根据需要调整弹力带的长度，以获得足够的阻力。

动作过程

1. 向与持握壶铃相反的方向推动髋部，让躯干侧屈，壶铃沿躯干外侧向下移动（图b）。
2. 进行反向动作，回到起始姿势。

农夫行走

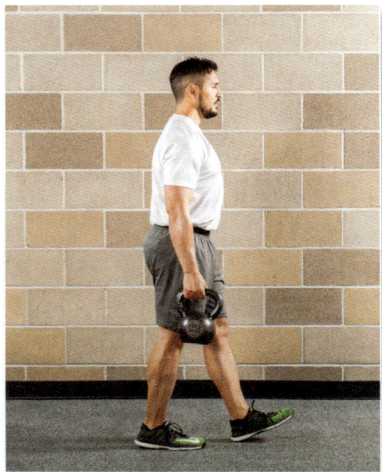

起始姿势

1. 直立，双臂伸直，双手分别持握一个哑铃或壶铃。

2. 如果选择单侧负重，则动作过程确保躯干不要侧屈，就像双侧负重一样。

动作过程

在规定的距离内平稳地行走（而不是跑步），全程保持身体直立。

常见错误

- *手臂屈曲*。行走过程中，保持手臂伸直，不要让负重靠在腿上。不要耸肩。

- *弯腰*。动作全程保持身体直立。

- *负重选择不当*。应选择合适的负重，使行走至规定的距离对自己具有挑战性且自己能够持续完成练习，中间不停歇。

感谢美国陆军和尼古拉斯·比德罗（Nicholas Vidro）供图

第20章

代谢调节练习

通常来说，代谢调节训练的强度通过士兵的出汗量或移动距离衡量。本书中针对陆军战斗体能测试的代谢调节训练方案并非单纯地依赖于训练量，而是有目的地整合了训练量、训练强度及练习类型。这会带来一种综合效应，使得代谢调节训练方案既能有效改善士兵冲刺–拖拽–搬运测试及2英里跑测试的成绩，还能提高士兵在陆军战斗体能测试各项测试间的恢复能力。训练将遵循客观及主观的强度设定原则，以实现每个代谢调节训练计划的预期效果。这可能意味着，与士兵平时所进行的训练相比，这些训练可能强度更高或不足，但重要的是，士兵要相信每一个训练计划。士兵应走出自己的舒适区，学会在一些持续时间较短的训练中更加努力，而在一些持续时间较长的训练中有所保留。

有时，士兵无法使用指定的器材来进行特定的练习，也没有空间进行以跑步为基础的代谢调节练习。在这些情况下，只要合理地选择替代性练习，依然可以进行正确的代谢调节训练。每个练习包含3个明显的特征：移动距离或持续时间、强度和针对性。在选择替代性练习时，应尽量地匹配每个特征，从而满足预期的体能需求。一般很容易找到可使用的替代性练习，但有时士兵需要具有一些创造性。然而，器材或空间的缺乏绝不能成为完全放弃代谢调节训练的借口。在可能的情况下，咨询有资质的教练，以了解训练计划中的力量练习与代谢调节练习的合适的替代性练习。

50码、100码及150码往返跑 *

　　请在能安全变向的地面上进行往返跑。以站立起跑姿势或俯卧姿势开始，尽可能快地向前冲刺25码，然后尽可能高效地减速并变向，接着尽可能快地跑回起跑线。持续往返，直至完成规定的总距离。在进行下一组练习前，按照建议的间歇时间休息。应以最快速度进行每一次练习。

400米、800米及1英里重复跑

　　对于重复跑来说，跑道是最好的场地，但也可以选择跑步机或任何能够让自己进行不间断跑步且测量过长度的场地。对于这些练习，遵守速度和间歇时间要求是极其重要的。一些训练课要求的速度大于2英里跑的速度，侧重于训练速度。另一些训练课要求的速度等于或小于2英里跑的速度，侧重于在次最大速度下累积训练量。有些时候，间歇时间是根据运动休息比（W：R）设定的。运动休息比展示了相较于运动时长，应该休息多长时间。例如，1：1的运动休息比意味着完成训练的时间与进行休息的时间相同，也就是说，如果士兵在60秒内跑完400米（440码），那么应休息60秒。

3~5英里跑（走）及4~6英里越野跑

　　长跑（长距离行走）及越野跑在传统军事训练中很常见。虽然本书中的训练计划旨在减少传统军事训练通常要求的跑步量，但该练习依然有助于能力提升且具有针对性的有效方式。虽然越野跑与陆军战斗体能测试的相关性不高，但却与执行作战任务具有一定的相关性，因此也是军事训练的必选练习之一。应该在稳定的速度下进行这些练习。当士兵找到了自己的最佳节奏后，就应该避免改变训练强度与速度。士兵应选择一个合适且较快的速度，在该速度下，士兵只能连续说一句话或两句话。如果士兵无法做到这一点，则速度太快；如果士兵能持续进行对话，则速度太慢。

　　以最大心率（MHR）的百分比表示的运动心率是一种更精确的监测训练强度的工具。在此提供一个用于估计最大心率的简单公式：220－年龄（如果士兵的年龄为20岁，则其最大心率为200次/分）。通常，运动心率应为最大心率的70%~80%或75%~85%。

40码提速跑

　　这个简单的练习可用作跑步前的热身。以站立起跑姿势开始。缓慢并有节奏地提速：每跑10码提速一次，直至跑完40码。通过终点线后，应逐渐减速，不要突然停下。应平稳地提升速度，且随着速度的提升，膝关节抬得高一些。以上步骤要重复多次。进行第一组练习时，最终速度为最大速度的70%。进行最后一组练习时，最终速度为最大速度或接近最大速

---

* 在50码往返跑中，可以要求士兵使用双脚前后分开的站立式起跑姿势，并在多次练习中交替使用左脚在前和右脚在前的姿势，即进行50码交替脚往返跑练习。——译者

度。这意味着，组内和组间都要逐渐提速。

风阻自行车间歇练习

坐在风阻自行车上，调节座奇高度，确保踏板处于底部位置时膝关节微屈。训练开始后，尽可能快地冲刺，完成规定的时间、距离或热量消耗。每次训练，士兵都必须全力以赴。

划船机练习

在划船机上划船时，应该依次、连贯地伸展膝关节和髋关节，然后双手朝胸部方向拉动把手。完成拉的动作后，以相反的动作顺序进行反向动作，回到起始姿势，即依次伸展手臂、屈髋、屈膝。建议将阻尼器调至5~7挡，体能水平较高的士兵可以使用更高的挡位，体能水平较低的士兵可以使用更低的挡位。为了比较训练表现，每次训练应使用相同的挡位。

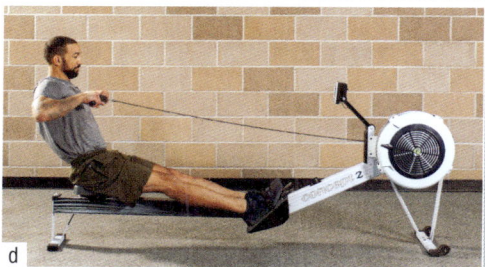

计时跑

计时跑指以尽可能快的速度完成规定的距离，并休息规定的时间。与自己或其他士兵竞争，以达到全力以赴的目的。

15分钟定时模块——推雪橇和哑铃农夫行走

这种体能训练课的练习非常简单，但是负荷较大、强度较高。在雪橇上装载的负重应使士兵不能轻易地推着雪橇、抓握一对较重的哑铃跑起来。训练开始后，将雪橇向前推15码，然后拿起哑铃（不使用助力带），保持手臂伸直，向前走（不要跑）15码。最后放下哑铃，不要将哑铃扔至地上。至此，一轮练习就完成了。请于15分钟内完成尽可能多的轮数。如果士兵能在15分钟的时间内完成10轮以上，那么在下节课中就需要增加负重。农夫行走负重的增加往往受限于士兵的握力。如果因握力限制，士兵无法使用更重的哑铃，那么就要增加雪橇上的负重。

每分钟完成规定次数（EMOM）循环

EMOM循环提供了在进行小容量循环训练的同时累积总训练量的创造性训练方法。在1分钟结束前，完成规定的次数，然后在这1分钟的剩余时间里休息。5次俯卧撑的训练量很小，但是进行20分钟的EMOM循环，士兵累计完成的次数能达到100次。如果士兵不能连续完成指定的次数，请使用辅助或进行降阶训练。不要在每2分钟之间安排休息时间。

计时训练

计时训练非常直观，即在尽可能短的时间内，按照规定的重复次数、距离或消耗热量，进行配对组训练或循环训练，以完成总轮数。组间尽可能少地休息。这类训练使用的练习之间的联系往往不那么紧密，以尽可能减少局部肌肉的疲劳并最大限度地提升训练强度。计时训练极富挑战性和竞争性。

拖拽雪橇+往返跑

该练习使用的负重与冲刺-拖拽-搬运测试相同，即在雪橇上装载90磅的负重。尽可能快地将雪橇向后拖拽25码。一旦将雪橇拖过标志线，立刻放下拖绳，冲刺25码。重复规定的次数，并严格按照规定的时间休息。在没有雪橇的情况下，可进行向后上坡跑，以获得类似的训练效果。

缩略词及缩略语

1RM：一次重复最大重量。

2MR：2英里跑。

a：加速。

ACFT：陆军战斗体能测试。

Alt：交替。

AMRAP：完成尽可能多的重复次数。

APFT：陆军体能测试。

BB：杠铃。

BMI：身体质量指数。

DB：哑铃。

ECC：离心收缩。

EMOM：每分钟完成规定次数。

F：力。

HRP：T形俯卧撑－手臂伸直。

ISO：等长收缩。

KB：壶铃。

LTK：单杠提膝触肘。

m：质量。

MB：药球。

MDL：3RM六角杠铃硬拉。

METL：与任务相关的基本清单。

MHR：最大心率。

MOS：军事职业类别。

MR：连续执行。

MWR：士气、福利及娱乐。

P：爆发力。

PT：体能训练。

RDL：罗马尼亚硬拉。

RG：反握。

SA：单臂。

SB：瑞士球。

SDC：冲刺－拖拽－搬运。

SL：单腿。

SR：单次执行。

SPT：站姿后抛药球。

TAP-C：陆军战术人员表现中心。

v：速度。

W∶R：运动∶休息比。

WTBD：作战任务和战斗训练。

Wtd：负重。

绝对力量：执行一次重复所能输出的最大的力。

有氧耐力：在高度稳定状态下进行长时间活动的能力；在活动之间身体的恢复能力。

敏捷性：与速度［加速、保持速度（通常为最快速度）及减速的能力］类似，不同的是，敏捷性一般指在多个方向上具备上述能力。

无氧耐力：在尽可能短的时间内完成一定训练量的能力。

动作能力：在不同姿势间进行动态转换的能力。

身体成分：构成身体的成分，通常与体脂和去脂体重有关。

协调性：见动作能力。

核心：又称躯干。

持续时间：训练的持续时长。

柔韧性：肌肉伸展的能力。

频率：在一定时间内进行训练的次数。

个性化：个体不同于他人的特质。

动作能力：在没有代偿的情况下，按照一定的节奏完成特定姿势，从而协调完成特定动作的能力。

肌肉耐力：持续移动次最大负荷，以完成规定次数或时间的能力。

肌肉力量：指移动外部物体或自身体重时所能输出的力。

一次重复最大重量：执行一次重复所能输出的最大的力。

超负荷：调整训练强度、训练量或训练的复杂程度，以使身体产生良好的适应。

爆发力：力与速度的乘积（$P=F \times v$）。

渐进：持续应用超负荷。

战备能力：满足完成作战任务或岗位职责的体能需求、能够持续作战以取得胜利的能力。

相对力量：与体重相关的强壮程度。

专项性：训练满足成功通过ACFT测试或完成作战任务的体能需求的原则。

速度：加速、保持速度（通常为最快速度）及减速的能力。

三关节伸展：踝关节、膝关节及髋关节伸展（伸直）。

关于 NSCA

　　美国国家体能协会（NSCA）成立于1978年，是一个非营利组织，致力于在全世界范围内促进体能训练及相关运动科学的发展。NSCA旨在通过提供行业领先的认证培训、研究期刊、职业发展服务、网络工作乳会和继续教育，来传播循证知识及其实践应用，帮助专业人员最大化地发挥他们的影响力。NSCA社区由全球的60000多名成员和取得认证的专业人员组成，包括研究人员、教育工作者、体能教练、运动表现和体育科学家、私人教练、特种行业体能教练和其他相关人员，他们推动了行业标准的建立和更新。

关于作者

纳特·佩林（Nate Palin），理学硕士，美国国家体能协会认证体能教练（CSCS），美国国家体能协会特种行业体能项目经理。在进入体能专业领域之前，他在第二骑兵营担任了7年的领导。在5次战斗部署的过程中，佩林了解了军队的表现缺陷，并注意到士兵需要加强体能训练，以为更好地完成关键任务提供支持。这些经历促使他在2010年开始了自己的教练生涯。2012年，他在美国华盛顿担任EXOS的表现专家，专注于特种行业体能领域。2015年至2018年，他在军事基地执教。

罗布·哈特曼（Rob Hartman），教育学硕士，CSCS，一名体能专家，负责在部队实施、分析和指导特种作战人员表现项目。2010年底，他开始了为特种作战部队服务的职业生涯，前6年在美国第一特种部队服役，后在美国特种作战航空团服役。

在特种行业任职期间，哈特曼参加了美国国家体能协会的特种行业体能（TSAC）从业人员课程、EXOS特种行业培训课程，还参加了美国国家体能协会的TSAC年度培训会议、特种作战人员人为因素峰会，并向各部队介绍其任职的军事基地的训练情况。他的经验使他获得了与战场的宏观及微观领域相关的知识，他通常负责研究模型设计及特种作战人员的有氧与无氧特征。

关于译者

王悍如，斯旺西大学运营、供应与项目管理学硕士，战勇军事体能训练品牌创始人，CrossFit一级教练员；交传翻译员，曾受邀出席2019年国际军事体能教练员峰会，先后承担自然运动体系基础一级认证（MovNet Level One）培训师手册、军事体能训练指导师认证官方教材的翻译工作；多年来，致力于科技赋能军事体能训练的研究和时间工作，拥有丰富的相关内容翻译、创作经验以及实战训练经验。

周立，天津大学材料成型与控制工程学学士，美国国家体能协会认证体能教练（CSCS），澳大利亚体能协会认证一级体能教练（ASCA–L1），国家健康管理师；美国心脏协会拯救心脏急救课程（AHA–HS）导师，亚洲康复体能学院（ARCA）讲师，中国体育科学学会体能训练分会翻译组成员；长期参与中国人民解放军海军航空兵、海军水面舰艇部队、陆军航空兵、刀锋特战大队、火箭军以及武装警察部队、公安特警人员、应急救援人员的体能训练与训练伤防控相关工作。

孟涛，教授，硕士研究生导师；中国人民解放军全军军事基础教育专家、全军军事科研同行评议专家、全军军事训练医学专业委员会委员、全军院校学员毕业联合考核专家组成员、全军机动卫勤分队整建制基地化训练考核专家组成员、军队"十四五"后勤科研重点实验室学科带头人、全军军事训练伤防治与康复重点实验室骨干、中国共产党中央军事委员会训练管理部、后勤保障部专家库成员、国家创新人才推进计划–重点领域创新团队成员、重庆市体育科研项目评审专家组成员；曾获中国人民解放军陆军军医大学教学明星、优秀教师以及为军服务先进个人等荣誉；长期从事军事体育与军事训练伤防治的教学与科研工作，先后主持国家社会科学基金项目等教研课题20余项，获军队教学成果二等奖1项、全军军事科学优秀成果三等奖2项、重庆市科研成果一等奖2项，拥有国家发明和实用新型专利14项，编写专著、教材等20余部，发表论文30余篇。